창의융합 인재로 키우는 하버드
생각루틴

창의융합 인재로 키우는
하버드 생각루틴
: 명화를 활용한 12가지 생각놀이

글쓴이 | 김소울 · 오유경
펴낸이 | 곽미순   편집 | 박미화   디자인 | 이순영

펴낸곳 | 한울림   기획 | 이미혜   편집 | 윤도경 윤소라 이은파 박미화
디자인 | 김민서 이순영   마케팅 | 공태훈   제작 · 관리 | 김영석
등록 | 1980년 2월 14일(제318-1980-000007호)
주소 | 서울시 영등포구 당산로54길 11 래미안당산1차아파트 상가 3층

대표전화 | 02-2635-1400   팩스 | 02-2635-1415
홈페이지 | www.inbumo.com   블로그 | blog.naver.com/hanulimkids
페이스북 책놀이터 www.facebook.com/hanulim

첫판 1쇄 펴낸날 | 2019년 1월 2일
ISBN 978-89-5827-119-2 13370

이 도서의 국립중앙도서관 출판예정도서목록(CIP)은 서지정보유통지원시스템 홈페이지(http://seoji.nl.go.kr)와
국가자료공동목록시스템(http://www.nl.go.kr/kolisnet)에서 이용하실 수 있습니다. (CIP제어번호: CIP 2018040360)

창의융합 인재로 키우는

하버드 생각 루틴

명화를 활용한
12가지 생각놀이

김소울 · 오유경 지음

한울림

프롤
로그

'아동학'과 '미술치료' 분야의 전문가인 두 저자가 하버드 생각루틴에 관한 대화를 시작했을 때, 우리 두 사람 입에서는 이런 말이 나왔습니다.

"도대체 왜 이 좋은 교육 방법이 한국에는 아직 소개되지 않은 거지?"

교육에 대한 우리나라 부모들의 남다른 열정을 생각했을 때, 이 혁신적인 교육법이 알려지지 않은 것이 참 의아했습니다. 더구나 하버드대학교에서 20년 넘게 지속적으로 연구해온 아동 교육법인데 말입니다. 알고 보니 그 이유는 아주 간단했습니다. 입시에만 온 신경이 쏠려있는 우리나라 교육 환경에서 사고하는 방법을 알려주는 생각루틴은 현실과 동떨어진 이야기에 불과했던 것이죠.

그러나 이제는 시대가 변하고 있습니다. 제4차 산업혁명 시대다, 창의융합형 인재다 하는 새로운 교육 담론 사이에서 그동안 우리가 철썩 같이 믿고 있던 '좋은 성적 = 명문대 입학 = 성공'의 공식은 깨진지 오래입니다. 학벌보다는 개인의 재능과 능력이 점점 더 주목받고 있으며, 이 현상은 앞으로도 더 두드러질 전망입니다.

전문가들은 노동뿐만 아니라 인간의 정신적 활동까지도 인공지능이 대신할 미래에서는 고도의 직관력, 개념들을 연결하는 융합력, 새로운 가치를 창조하는 창의력이 중요해질 것이라 말합니다. 그러나 직관력, 융합력, 창의력 같은 사고 능력을 키우는 것은 현재의 주입식, 암기식 교육 방법으로는 불가능한 일입니다. 이러한 능력을 함양하기 위해서는 교실 안팎에서 스스로 배우고, 사고하고, 판단하는 '생각하는 힘'을 어느 정도 갖추고 있어야지만 가능합니다.

그러면 '생각하는 힘'은 어떻게 키울 수 있을까요? 우리는 하버드대학교 창의학습교육 연구팀 프로젝트 제로가 고안한 생각루틴에서 그 해결책을 찾을 수 있었습니다. 사고력을 신장시키는 최적의 방법인 생각루틴을 전부 다 다룰 수 있으면 좋겠지만, 지면상의 이유로 가장 핵심적인 12가지 방법만을 뽑아 이 책에 실었습니다. 그리고 12가지 생각루틴을 어떻게 하면 아이가 쉽게 체득할 수 있을까 하는 고민 끝에, 명화를 주제로 한 생각놀이를 접목시켰습니다.

다양한 대상 가운데서 굳이 명화를 선택한 것은 명화에는 작가의 삶과 그 시대의 사회상이 녹아 있어 다양한 탐색거리와 생각거리를 제공해주는 더할 나위 없이 좋은 자료이기 때문입니다. 예를 들어 뭉크의 〈태양〉은 빛과 색이라는 과학 개념, 라파엘로의 〈아테네 학당〉은 그리스 철학, 파울의 〈지저귀는 기계〉는 제1차 세계대전이라는 시대적 배경까지 포함시켜 사고의 범위를 확장시킬 수 있습니다.

이제 이 책을 한 장 한 장 넘기면서, 아이의 사고 능력을 키우는 새로운 교육법과 만나보세요. 이 책에 실려 있는 생각놀이를 하다 보면 어느 순간 생각하는 습관이 몸에 배고, 창의적 사고 능력이 자라 있는 아이의 모습을 발견할 수 있게 될 것입니다.

새로운 해를 맞이하며
김소울 · 오유경

하버드 생각루틴을
소개합니다

학교 가는 버스 안,
두 아이의 눈에 버스 손잡이가 들어옵니다.
손잡이를 보고 한 아이가 생각합니다.
'버스 손잡이네.'
다른 아이가 생각합니다.
'빨간색 손잡이네.'
'어라? 버스가 멈췄다 출발하니까 손잡이가 뒤로 쏠리잖아?'
'왜 손잡이는 버스가 가는 방향과 반대로 움직이지?'

    똑같은 버스 손잡이를 봤는데, 두 아이의 생각은 전혀 다르게 전개되고 있습니다. 한 아이는 대상을 인식하는 것을 끝으로 더 이상 생각하는 것을 멈춘 반면, 다른 아이는 생각이 꼬리에 꼬리를 물고 이어지고 있습니다.
    두 아이의 차이는 뭘까요?
    한 아이는 생각하는 것이 서투른 아이이고, 다른 아이는 생각하는 것이 능숙한 아이입니다. 생각은 '그냥 하는 것이 아닌가?', '생각에도 능력의 차이가 있나?' 하고 의아해하는 분도 계실 겁니다.

그렇지만 창의적인 생각은 어느 날 갑자기 떠오르는 것이 아닙니다. 다양한 방법으로, 꾸준하게 생각하는 과정에서 전에 없던 새로운 결과물이 탄생합니다. 조각조각 나눠진 생각이 의미 있는 생각으로 이어지기 위해서는 생각을 습관화하는 연습이 필요합니다.

하버드대학교 창의학습교육 연구팀 프로젝트 제로에서 개발한 생각루틴

하버드대학교 창의학습교육 연구팀 프로젝트 제로(이하 하버드 연구팀 프로젝트 제로)는 지난 20년간 아동의 성장과 교육의 본질에 대해 연구한 결과 '생각하는 능력'에 주력하여, 이상적인 사고 방법과 놀이를 융합시킨 '생각루틴'을 탄생시켰습니다.

생각루틴은 생각하는 것이 서툰 아이에게 생각하는 방법을 안내하고, 놀이와 융합된 반복 연습을 통해 생각하는 습관을 몸에 배게 하는 프로그램입니다. 다양한 질문을 주고받고, 재밌는 게임을 함께하면서 아이의 사고 활동이 활발해지도록 돕습니다.

대상을 탐색하면서 자라는 직관력, 다양한 관점으로 생각해보며 커지는 창의력, 개념과 개념을 연결하며 생기는 융합적 사고력, 나만의 생각을 자세히 말해보며 길러지는 서술적 묘사능력 등 여러 가지 사고 능력을 하버드 생각루틴을 통해 체득할 수 있습니다.

하버드 생각루틴이
필요한 아이

생각하는 것 자체가 귀찮은 아이

무언가를 궁금해하고 다양한 관점에서 접근해보는 것은 호기심 많은 아이뿐만 아니라 인간이라면 누구나 갖는 본성입니다. 하지만 요즘 아이들은 생각하는 것 자체를 귀찮아합니다. 어째서 아이들은 '생각'을 어렵고, 귀찮은 것으로 받아들이는 걸까요?

아이들에서 '왜?'라는 질문이 점점 사라지는 건 아이의 '궁금한 순간'을 함께한 부모나 교사의 탓이 큽니다. 부모나 교사의 태도에 따라 아이의 질문은 아무것도 아닌 헛소리나 엉뚱한 우스갯소리로 취급될 수도 있고, 창의적 사고의 단초 또는 학습 동기로 작용할 수도 있습니다.

대부분의 부모나 교사들은 '유머', 즉 웃음과 즐거움의 코드가 아이에게 얼마나 큰 영향을 주는지 간과하곤 합니다. 그러면서 아이가 엉뚱하며 황당하고, 상식선에서 벗어난 생각을 말하면 올바른 정답을 말하도록 정형화된 대답을 강요합니다.

이러한 부모나 교사의 부정적인 반응에 지속적으로 노출된 아이는 생각하는 것 자체를 꺼리게 됩니다. 반대로 아이가 어떠한 생각을 하든, 어떠한 질문을 던지든 부모나 교사가 모두 수용해주면 생각하는 것을 자연스럽게 받아들이고, 이를 습관화하게 됩니다.

생각하는 것은 재미없다고 싫어하는 아이

아이에게 "생각해봐!"라고 말하는 순간을 한 번 떠올려 보세요. "무엇을 잘못했는지 생각해봐!", "5×4는 뭐야? 생각해봐!"와 같은 말을 자주 하지 않았나요? 우리는 공부를 할 때나 혼을 낼 때 아이에게 "생각해 봐!"라는 말을 하곤 합니다.

답이 정해져 있고, 정답이 아니면 혼이 나거나 다시 생각해봐야 하는 상황에서 하는 생각은 당연히 즐거울 리가 없습니다. 기발한 생각을 떠올렸지만, 정답이 아니란 이유로 제 생각을 거부당한 아이들은 생각하는 것을 재미없는 활동으로 받아들이게 됩니다.

생각하는 것이 재밌는 활동이라는 것을 아이가 깨닫기 위해선 두 가지 조건이 충족되어야 합니다. 하나는 일체의 강요 없이 아이 스스로 주도적으로 생각해보는 것이고, 다른 하나는 어떠한 제약 없이 자유롭게 생각해보는 것입니다. 자유와 주도권을 존중받으며 생각해보는 경험을 반복하다 보면 아이는 어느새 생각하는 것을 즐기게 됩니다.

생각하는 것을 지겨워하는 아이

책을 읽거나 음악을 감상한 후 단순히 느낀 점이나 생각을 말해보게 하는 활동은 아이의 흥미나 창의적인 생각을 이끌어내기에 다소 부족합니다. 이미 여러 가지 활동을 통해 생각하는 일에 어느 정도 익숙해진 아이들은 '맨날 똑같은 것만 해!'라고 불퉁대며 지겹다는 태도를 보이기 십상입니다.

단순한 사고 활동으로 지루함을 느끼는 아이에게 부모나 교사는 다양한 생각할 거리를 제공해줘야 할 의무가 있습니다. 우리 주변에는 책뿐만 아니라 생활 전반에 걸쳐 생각할 거리들이 무궁무진하게 많습니다. 평소 무심코 넘겼던 물건의 쓰임에 대해 다시 생각해보거나 당연하게 받아들였던 사실을 비틀어 생각해보는 것도 새로운 생각을 이끌어내기에 좋은 방법입니다.

하나의 대상이라도 어떠한 관점에서 바라보느냐에 따라 완전히 다른 결과물이 나올 수 있다는 점에 유념해 다양한 생각할 거리를 제공해준다면 아이는 생각하는 것을 좋아하게 되고, 이것은 다채로운 사고 활동으로 이어지게 됩니다.

하버드 연구팀 프로젝트 제로에서 제안하는 창의력 발달을 위한 다섯 가지 준비 단계

Stage 1 〉 아이가 창의적인 생각을 떠올린 순간을 함께 기뻐하자

자신의 생각을 말했을 때 주변에서 긍정적인 반응을 얻으면, 아이는 '이런 것이 창의적인 거구나!' 하고 정의내릴 수 있게 됩니다. 동시에 생각이나 창의성에는 제한이 없다는 것을 경험할 수 있습니다.

Stage 2 〉 아이의 자유로운 생각과 창의성을 소중히 다뤄주자

아이가 간혹 부모나 교사가 옳다고 여기는 규율이나 상식적으로 통용되는 선에서 벗어난 생각을 할 때가 있습니다. 그렇다고 해도 아이를 비난하며 부정적인 반응을 보여서는 안 됩니다. 아이가 자유롭게 하는 모든 생각들은 존중받고 가치 있게 받아들여져야 합니다. 여기서 '자유로운 생각'이란 말 그대로 어떠한 제한도 없는, 평가를 전제하지 않는 생각을 의미합니다.

Stage 3 〉 아이의 놀이 파트너이자 친구가 되자

부모와 교사는 생각놀이를 할 때만큼은 아이를 훈육하고 교육하는 역할에서 벗어나 아이가 하는 생각과 질문을 따라가는 파트너이자 친구가 되어야 합니다.

Stage 4 › 창의적으로 사고할 수 있는 환경을 제공해주자

아이와 함께 생각놀이를 하다 보면 필연적으로 소음이 발생하거나 주위가 더러워지기 일쑤입니다. 시끄럽다고 더럽다고 아이의 행동을 제지할 것이 아니라, 소음과 더러움이 허용되는 공간을 아이에게 허락해주세요. 이때 요구되는 공간은 별도로 마련해야만 하는 특수한 공간이 아닙니다. 집 안의 책상, 의자 같은 가구를 재배치해서 얼마든지 창의적 사고 활동에 알맞은 공간으로 바꿀 수 있습니다.

Stage 5 › 창의성을 촉진할 수 있는 다양한 경험을 제공해주자

아이들이 경험하는 세상의 테두리는 부모가 어떤 세상을 소개해주느냐에 따라 크게 달라집니다. 새로운 세상이라 하면 흔히 비행기를 타고 해외에 나가 낯선 문화와 만나는 것을 생각하겠지만, 일상 속에서도 얼마든지 새로운 경험을 할 수 있습니다. 예를 들어 한 번도 이야기해본 적 없는 화젯거리를 가지고 대화를 나눠본다든지, 병뚜껑이나 이쑤시개를 이용해 그림을 그려본다든지 하는 활동을 통해서도 새로운 경험을 할 수 있습니다. 반복되는 일과라도 접근 방식을 달리하면 얼마든지 흥미로운 경험을 제공해줄 수 있다는 사실을 기억해두세요.

이 책의 구성과 활용법

하버드 연구팀 프로젝트 제로에서 제공하는 생각루틴 가운데 학습하기에 좋고 놀이에 접목하기 쉬운 12가지 생각루틴을 선정하여 이 책에 담았습니다. 명화를 관찰·탐색하는 기본 활동을 바탕으로 각각의 생각루틴이 적용된 생각놀이가 제공됩니다.

이렇게 구성되었습니다

생각루틴 01 ─○ **한 걸음 더**
뭉크의 〈태양〉과 함께하는 생각놀이 '알고 나면 다를 걸'

한층 더 깊고, 넓게 생각하는 능력을 키우기 위한 '한 걸음 더' 생각루틴이 뭉크의 〈태양〉을 주제로 한 '알고 나면 다를 걸' 생각놀이로 펼쳐집니다. 그림을 탐색하며 정보를 수집하고, 이를 바탕으로 새로운 생각을 만들어보는 활동은 사고력의 깊이를 더해줍니다. 또한 그림에서 발견한 다양한 색깔과 빛의 개념을 연결하는 과정에서 사고의 범위를 넓힐 수 있습니다.

[생각루틴 02] ─○ **열 개씩 찾기**

라파엘로의 〈아테네 학당〉과 함께하는 생각놀이 '한 장면, 천 가지 생각'

집중과 관찰을 통해 사고력을 신장시키는 '열 개씩 찾기' 생각루틴이 라파엘로의 〈아테네 학당〉을 주제로 한 '한 장면, 천 가지 생각' 생각놀이로 펼쳐집니다. 집중력과 관찰력은 물론이고, 그림에서 찾아낸 것을 자세히 말해보는 활동을 통해 서술적 묘사 능력까지 키울 수 있습니다. 그뿐만 아니라 다소 어렵게 느껴지는 '철학'이라는 분야에 친근하게 다가갈 수 있는 기회를 갖게 됩니다.

[생각루틴 03] ─○ **생각, 호기심, 탐색**

쇠라의 〈그랑드 자트 섬의 일요일 오후〉와 함께하는 생각놀이 '생각+생각=?'

생각-질문-탐색이라는 단순한 생각의 도구를 활용하여 사고의 기본 역량을 다지는 '생각, 호기심, 탐색' 생각루틴이 쇠라의 〈그랑드 자트 섬의 일요일 오후〉를 주제로 한 '생각+생각=?' 생각놀이로 펼쳐집니다. 놀이를 통해 객관적 사실과 주관적 생각을 구별할 수 있고, 정교한 묘사에 의해 언어적 사고 능력이 향상될 수 있습니다. 더불어 미술 표현기법 중 하나인 점묘법에 대해서도 배울 수 있습니다.

[생각루틴 04] ─○ **생각의 꼭짓점**

클레의 〈지저귀는 기계〉와 함께하는 생각놀이 '나라면 어떨까'

네 가지 사고 포인트를 통해 합리적인 결론에 도달하는 '생각의 꼭짓점' 생각루틴이 클레의 〈지저귀는 기계〉를 주제로 한 '나라면 어떨까' 생각놀이로 펼쳐집니다. 생각을 객관적으로 정리해보고, 다른 사람을 설득할 수 있는 방안을 제시하는 활동을 통해 논리적 사고 능력을 키울 수 있습니다. 또한 그림의 시대적 배경인 제1차 세계대전에 대해 알아보면서 바람직한 역사 의식을 함양하게 됩니다.

생각루틴 05 → 처음, 중간, 끝
다 빈치의 〈모나리자〉와 함께하는 생각놀이 '무슨 일이 있었던 걸까'

완성도 있는 나만의 이야기를 만들어보는 '처음, 중간, 끝' 생각루틴이 다 빈치의 〈모나리자〉를 주제로 한 '무슨 일이 있었던 걸까' 생각놀이로 펼쳐집니다. 단편적인 생각을 긴 생각으로 발전시켜 이야기로 만들고, 이를 정교하게 다듬어보는 활동을 통해 창의력은 물론이고, 스토리텔링 능력까지 키울 수 있습니다.

생각루틴 06 → 생각 사냥꾼
네바문 무덤 벽화 〈늪지의 새 사냥〉과 함께하는 생각놀이 '도대체 왜'

사물의 목적과 쓰임에 대해 생각해보는 '생각 사냥꾼' 생각루틴이 네바문 무덤 벽화 〈늪지의 새 사냥〉을 주제로 한 '도대체 왜' 생각놀이로 펼쳐집니다. 그동안 무심코 넘겼던 사물들의 목적을 전체와 부분으로 나누어 생각해보는 과정을 통해 창의력과 융합적 사고 능력을 키울 수 있습니다.

생각루틴 07 → 창의적 질문
칸딘스키의 〈흰색 위에 Ⅱ〉와 함께하는 생각놀이 '소리가 보여'

질문이 갖는 힘과 즐거움을 깨닫게 하는 '창의적 질문' 생각루틴이 칸딘스키의 〈흰색 위에 Ⅱ〉를 주제로 한 '소리가 보여' 생각놀이로 펼쳐집니다. 이상하고 엉뚱한 질문을 만들어보는 활동을 통해 질문하는 것 자체에 즐거움을 느끼게 됩니다.

생각루틴 08 ─○ 보고, 생각하고, 궁금해
반 고흐의 〈별이 빛나는 밤〉과 함께하는 생각놀이 '진짜로 움직이나'

대상을 인식하고, 대상에 대해 생각하고, 그 과정에서 생긴 궁금증을 질문으로 만들어보는 세 가지 활동이 동시에 이루어지는 '보고, 생각하고, 궁금해' 생각루틴이 반 고흐의 〈별이 빛나는 밤〉을 주제로 한 '진짜로 움직이나' 생각놀이로 펼쳐집니다. 문장 형태로 생각을 정리해보면서 눈으로 본 것과 생각한 것을 구별하고, 보다 고차원적인 질문을 만들어낼 수 있습니다.

생각루틴 09 ─○ 창의적 비교
밀레의 〈씨 뿌리는 사람〉과 함께하는 생각놀이 '만약 이게 아니라면'

가설을 세우고, 그에 대한 대안을 비교해보는 '창의적 비교' 생각루틴이 밀레의 〈씨 뿌리는 사람〉을 주제로 한 '만약 이게 아니라면' 생각놀이로 펼쳐집니다. 주어진 정보를 바탕으로 구체적인 가설을 세우고, 대안들을 비교해 최선의 방법을 선택하는 과정에서 창의력과 합리적 판단력이 자라게 됩니다.

생각루틴 10 ─○ 부분과 전체
몬드리안의 〈방파제와 바다〉와 함께하는 생각놀이 '선으로 바라보는 세상'

부분과 전체를 동시에 생각하는 힘을 기르는 '부분과 전체' 생각루틴이 몬드리안의 〈방파제와 바다〉를 주제로 한 '선으로 바라보는 세상' 생각놀이로 펼쳐집니다. 부분과 전체를 동시에 살펴보며, 목적에 대해 생각하고, 복잡한 특성을 이해하는 세 단계 사고 과정을 통해 전체를 꿰뚫는 통찰력을 기를 수 있습니다.

생각루틴 11 ─○ **원래는 이건데**
칸딘스키의 〈푸른 하늘〉과 함께하는 생각놀이 '생각으로 놀자'

고정관념에서 벗어나 유연하게 사고하기 위한 '원래는 이건데' 생각루틴이 칸딘스키의 〈푸른 하늘〉을 주제로 한 '생각으로 놀자' 생각놀이로 펼쳐집니다. 평소에 아무런 의문 없이 받아들였던 사실을 다른 시각에서 바라보며 치우친 생각의 틀을 깨고 유연하게 사고하는 방법을 연습할 수 있습니다.

생각루틴 12 ─○ **생각의 동그라미**
여섯 개의 사과와 함께하는 생각놀이 '모두가 달라'

하나의 대상을 다양한 관점에서 바라보는 '생각의 동그라미' 생각루틴이 여섯 개의 사과를 주제로 한 '모두가 달라' 생각놀이로 펼쳐집니다. 다양한 관점에서 하나의 대상을 두루 살펴보고 궁금한 점을 질문하는 과정에서 대상이 가진 새로운 특성을 발견하게 됩니다.

이렇게 활용하세요

생각놀이 명화 카드

생각놀이에 쓰이는 17개의
명화가 책의 맨 끝에 부록으로
실려 있습니다. 아이와 함께
생각놀이를 할 때, 따로 출력할
필요 없이 해당하는 작품 그림을
잘라서 사용하세요.

놀이 목표
생각놀이의 방향 및 놀이가
종료된 후 아이가 도달해야 할
상태를 제시해줍니다.
목표에 맞춰 놀이를
체계적으로 진행해주세요.

생각루틴 3 생각, 포기심, 탐색

쇠라의 〈그랑드 자트 섬의 일요일 오후〉와 함께하는 생각놀이
'생각+생각=?'

부록: 작품 그림 3 참조

조르주 피에르 쇠라, 〈그랑드 자트 섬의 일요일 오후〉

놀이 목표
- 객관적인 사실과 주관적인 생각의 차이를 구별할 수 있어요.
- 언어적으로 묘사와 설명 능력이 정교해질 수 있어요.
- 미술 표현기법 중 하나인 점묘법에 대해 배울 수 있어요.

51

놀이 활동 사례
생각놀이에 참여한 아이들의 활동 사례를
책에 실었습니다. 다양한 미술 도구와
표현기법을 사용하여 자유롭게
자신의 생각을 표현할 수 있게 해주세요.

놀이 방법

1. 생각, 호기심, 탐색의 질문하기
생각, 호기심, 탐색 생각루틴이 적용된 질문을 통해 쇠라의 그림을 살펴보는 단계입니다. 이 단계에서는 그림에 대한 아이의 주관적 생각과 추측이 중요합니다.

 - 그림을 보고 무슨 생각이 떠올랐니?
 - 화가에게 묻고 싶은 것이 있니?
 - 그림을 보고 가고 싶은 곳이 생겼니?

2. 그림 관찰하기
그림에서 아이가 눈으로 본 객관적인 사실만을 찾게 합니다. 자유롭게 관찰하며 발견한 것을 메모해도 좋고, 다음에 소개하고 있는 '돋보기로 변신한 눈알 게임'을 활용해 그림을 관찰해도 좋습니다.

🔍 돋보기로 변신한 눈알 게임

• 준비물: 그림 출력물
• 놀이 방법
① A4에 프린트한 그림을 두 조각으로 나눕니다.
② 아이와 부모(교사)가 한 조각씩 골라 갖습니다.
③ '시작' 구호와 함께 15초 동안 아이의 그림 조각을 먼저 관찰합니다.
④ 그림에 찾아낸 것을 번갈아가면서 이야기합니다. 생각이나 느낌이 아니라 눈으로 본 사실만을 말해야 하므로 "그림에서 무엇을 보았나요?"라고 상대방에게 직접 질문하는 것이 좋습니다.
⑤ 한 명이 그림에서 본 것을 말하면, 다른 사람은 말한 것이 진짜 있는지 찾아봅니다.
⑥ 새로운 것을 더 이상 찾을 수 없을 때까지 게임을 계속합니다.

52

● 놀이 방법
단계별로 수행해야 할 과제를 안내하고 있습니다. 각 단계별 과제를 통해 생각놀이를 순차적으로 이끌어나가 주세요.

● 예시 질문
각 단계에 맞는 예시 질문들을 수록하였습니다. 이를 참고·변형하여 아이의 사고 활동을 활성화시킬 수 있는 다양한 질문들을 제공해주세요.

● 미니 게임
생각루틴이 적용된 간단한 게임이 제공됩니다. 미니 게임을 통해 아이의 흥미를 끌고, 반복적인 사고 훈련이 이루어지도록 도움을 주세요.

단 한 장의 그림을 위해
3년 동안 점을 찍은 쇠라

프랑스 화가 조르주 피에르 쇠라(Georges Pierre Seurat, 1859~1891)가 활동했던 시기는 인상주의 화풍이 유행하던 시기였습니다.

작가와 작품 이야기
배경지식에 따라 질문의 수준이 달라지고 아이에게서 나오는 결과물의 질도 달라지기 때문에, 본격적인 놀이에 들어가기에 앞서 '작가와 작품 이야기'를 읽어두는 것을 권장합니다.

프롤로그 5

하버드 생각루틴을 소개합니다 7

이 책의 구성과 활용법 13

생각루틴 01 ─○ **한 걸음 더** … 24

뭉크의 〈태양〉과 함께하는 생각놀이 26
'알고 나면 다를 걸'

생각루틴 02 ─○ **열 개씩 찾기** … 34

라파엘로의 〈아테네 학당〉과 함께하는 생각놀이 40
'한 장면, 천 가지 생각'

생각루틴 03 ─○ **생각, 호기심, 탐색** … 48

쇠라의 〈그랑드 자트 섬의 일요일 오후〉와 함께하는 생각놀이 51
'생각＋생각＝?'

생각루틴 04 ─○ **생각의 꼭짓점** … 58

클레의 〈지저귀는 기계〉와 함께하는 생각놀이 61
'나라면 어떨까'

생각루틴 05 ─○ **처음, 중간, 끝** … 70

다 빈치의 〈모나리자〉와 함께하는 생각놀이 72
'무슨 일이 있었던 걸까'

생각루틴 06 ─○ **생각 사냥꾼** … 80

네바문 무덤 벽화 〈늪지의 새 사냥〉과 함께하는 생각놀이 82
'도대체 왜'

생각루틴 07 ○ 창의적 질문 ⋯ 90

칸딘스키의 〈흰색 위에 Ⅱ〉와 함께하는 생각놀이 92
'소리가 보여'

생각루틴 08 ○ 보고, 생각하고, 궁금해 ⋯ 100

반 고흐의 〈별이 빛나는 밤〉과 함께하는 생각놀이 102
'진짜로 움직이나'

생각루틴 09 ○ 창의적 비교 ⋯ 110

밀레의 〈씨 뿌리는 사람〉과 함께하는 생각놀이 112
'만약 이게 아니라면'

생각루틴 10 ○ 부분과 전체 ⋯ 120

몬드리안의 〈방파제와 바다〉와 함께하는 생각놀이 122
'선으로 바라보는 세상'

생각루틴 11 ○ 원래는 이건데 ⋯ 130

칸딘스키의 〈푸른 하늘〉과 함께하는 생각놀이 132
'생각으로 놀자'

생각루틴 12 ○ 생각의 동그라미 ⋯ 140

여섯 개의 사과와 함께하는 생각놀이 142
'모두가 달라'

에필로그 155
부록: 생각놀이 명화 카드

생각루틴

1

한 걸음
더

Step 1
대상을 인식하고
이해하기

+

Step 2
수집한 정보를
바탕으로
폭넓게 생각하기

+

Step 3
새로운 생각
이끌어내기

더 깊고 더 넓게
생각하기

 한 걸음 더 생각루틴은 '더 깊고 더 넓게 생각하는 힘'을 키우기 위해 개발된 방법입니다. 대상을 인식한 후 머릿속에 떠올린 생각뿐만 아니라, 보이는 것을 너머 존재하는 것들의 탐색을 장려합니다. 이 생각루틴을 통해 고정화된 생각의 틀에서 벗어나 새로운 관점에서 대상을 바라볼 수 있습니다.

 한 걸음 더 생각루틴은 아이가 자유롭게 대상을 관찰하고 무언가를 발견하는 것에서부터 시작됩니다. 처음 보는 데다 어렵고 이상한 무언가로부터 자신이 이미 알고 있는 것을 찾아내는 과정은, 아이의 흥미를 자극할 뿐만 아니라 모르는 것에 대한 두려움을 떨쳐버리고 자신감을 갖게 해줍니다.

 예를 들어 추상화를 주제로 토론할 적에 그림에서 보이는 것 혹은 알게 된 것을 자유로이 말해보는 활동을 통해 낯설고 어렵게만 느껴지는 추상화에 친근하게 다가갈 수 있게 됩니다. 또한 작가의 표현 의도를 이해하는 과정에서 단편적인 생각들이 꼬리에 꼬리를 물고 이어져 깊이 있는 사유가 가능해집니다.

 이처럼 한 걸음 더 생각루틴은 아이가 이해하기 어려운 추상적 대상이나 처음 접하는 과학적·사회적 개념을 다룰 때 활용하면 효과적입니다. 개념을 설명할 때는 아이의 이해를 돕는 다양한 시청각 자료를 함께 제공해주면 더욱 좋습니다.

다음에 이어질 뭉크의 〈태양〉과 함께하는 '알고 나면 다를 걸' 놀이는 그림을 보고 느낀 점, 새로 알게 된 것을 바탕으로 대상을 탐색하는 과정 자체가 중요한 활동입니다. 놀이를 통해 아이는 '처음 느끼고 생각한 게 다인 줄 알았는데 내가 모르던 이런 부분도 있구나!', '알아간다는 건 재밌는 거구나!' 하는 즐거운 경험을 하게 됩니다. 그림에서 수집한 정보를 바탕으로 아이의 사고와 표현이 확장될 수 있게 적극적으로 놀이를 즐기게 해주세요.

뭉크의 〈태양〉과 함께하는 생각놀이

알고 나면 다를 걸

🔎 **부록: 작품 그림 1 참조**

에드바르 뭉크, 〈태양〉

놀이 목표

• 보이는 대상을 탐색하고, 정보를 수집하는 능력을 키울 수 있어요.

• 수집한 정보를 바탕으로 눈으로 본 것, 머릿속으로 생각한 것들을 엮어 더 탄탄한 생각으로 발전시킬 수 있어요.

1. 그림 감상하기

놀이의 시작 단계로 그림을 자유롭게 감상해보는 시간입니다. 이때 아이가 마음껏 그림을 살펴볼 수 있도록 충분한 시간을 제공해주세요. 만약 아이가 그림을 관찰하는 것을 거부한다면, '그림 이해하기' 단계로 바로 넘어가도 무방합니다.

- 무엇을 그린 것 같니?
- 그림을 보니 어떤 생각이 들어?
- 그림에서 풍기는 분위기는 어떠니?

2. 그림 이해하기

감상 후 발견한 것들을 토대로 그림을 이해해보는 단계입니다. 이때 아이의 관심이 보다 깊은 관찰과 생각으로 이어질 수 있게 곁에서 도움을 주어야 합니다. 간단한 질문이나 '발견하기 게임' 등을 통해 아이의 탐색 활동을 지원해주세요.

- 가장 눈에 띄는 게 뭐야?
- 그림에 쓰인 색깔들을 모두 말해볼래?
- 해가 떠오르고 있는 모습 같아? 지고 있는 모습 같아?

🎲 발견하기 게임

- **준비물**: 기록지
- **놀이 방법**
  ① 그림 속에 등장하는 것들을 모두 찾아보게 합니다.
  ② 부모나 교사는 아이가 발견한 것들을 사물과 상황별로 나누어 기록합니다.

> - 사물: 태양, 빛, 하늘, 바다, 바위, 짧은 선, 긴 선, 노란 막대기 등
> - 상황: 바다가 잔잔해요, 햇빛이 너무 강해요, 바위가 많은 곳이에요, 아침 해가
>   떠오르고 있어요 등

3. 정보를 바탕으로 폭넓게 생각하기

작가와 작품에 대한 정보를 바탕으로 더 깊고 더 넓게 생각해보는 단계
입니다. 아이가 호기심을 보이는 부분을 중심으로 놀이를 진행해주세요.

- 뭉크라는 이름을 들어본 적이 있니?
- 뭉크가 그린 다른 그림을 본 적이 있니?
- 이름을 들었을 때 뭉크는 어느 나라 사람 같아?
- 이 그림을 그렸을 때 화가의 기분은 어땠을까?
- 뭉크는 어떤 삶을 살았을 것 같아?

4. 새로운 생각을 이끌어내기

그림에서 발견한 것과 연관된 다른 주제를 연결하여 사고의 폭을 확장
시키는 단계입니다. 예를 들어 그림 속 태양 빛의 색깔과 무지개의 색
깔이 유사하다는 것을 화제 삼아 우리 주변 사물들이 어떤 원리로 저마
다의 색을 가지게 된 것인지 이야기를 나눠보며 아이의 새로운 생각을
이끌어낼 수 있습니다.

- 태양(바다/바위/반사되는 빛)을 그릴 때 뭉크는 어떤 색깔을 사용한 것 같니?
- 그림에서 쓰인 색깔을 봤을 때, 머릿속에 떠오르는 게 있니?
- 무지개는 몇 가지 색깔이니?
- 무지개를 본 적이 있니? 어떤 모양이지?

- 무지개를 본 날, 날씨가 어땠니?

- 태양 빛은 무슨 색깔일까?

- 사과가 빨간색으로, 나뭇잎이 초록색으로 보이는 이유가 뭘까?

5. 자유롭게 표현하기

놀이를 하면서 갖게 된 생각이나 느낌을 자유롭게 표현해보는 시간입니다. 자신의 생각을 마음껏 표현해볼 수 있도록 아이의 활동을 지지해주세요. 생각을 그림으로 표현하는 것이 서툰 아이라면, 다음에 소개하는 '빛 놀이'를 아이와 함께 해보세요. 놀이를 통해 빛에 따라 달라지는 색의 특성을 배울 수 있습니다.

 빛 놀이

- **준비물:** 손전등, 도화지, 크레파스
- **놀이 방법**
  ① 어둠 속에서 손전등으로 원하는 물건을 관찰합니다.
  ② 어둠 속에서 관찰한 색을 도화지에 크레파스로 표현해봅니다.
  ③ 주변 환경을 바꿔 야외나 실내에서 밝은 빛 아래 물건을 관찰합니다(이때 손전등을 함께 비춰봐도 좋습니다).
  ④ 밝은 빛 아래 관찰한 색을 도화지에 크레파스로 표현해봅니다.

  TIP
  다양한 빛 아래서 아이의 모습, 아이가 관찰했던 물건을 사진으로 찍어 비교하는 시간을 갖습니다. 놀이를 통해 햇빛, 달빛, 주황색 조명, 하얀색 조명 등 다양한 빛 아래 사물들이 전부 다른 색을 갖는다는 사실을 아이 스스로 발견할 수 있게 해주세요.

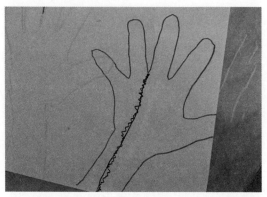

7세 남아, 〈햇빛 아래 왼손, 어둠 속 손전등 불빛 아래 오른손〉

7세 남아, 〈불을 껐다 켰다 할 때마다 보이는 손〉

절망과 공포에서 벗어나
희망의 태양을 그린 뭉크

〈태양〉은 밝고 화려한 느낌을 주는 그림입니다. 하지만 〈태양〉을 그린 작가, 에드바르 뭉크(Edvard Murch, 1863~1944년)의 삶은 그다지 행복하지 못했습니다. 19세기 말, 시대적 불안 속에서 어린 뭉크는 어머니와 누나를 결핵으로 잃는 슬픔을 겪습니다. 심지어 그의 나이 25세 때는 아버지도 세상을 떠나고, 몇 년 후엔 남동생마저 죽고 맙니다. 연이은 가족들의 죽음과 그로 인한 공포는 뭉크의 삶은 물론이고, 그의 작품 전반에도 큰 영향을 미칩니다.

이러한 뭉크의 불안과 공포가 잘 반영된 작품이 바로 1893년에 그려진 〈절규〉입니다. 비틀린 해골 같은 얼굴로 비명을 지르고 있는 그림 속 기괴한 존재는 뭉크 내면의 두려움과 고통을 상징하고 있습니다. 강렬한 색채를 사용하고 사물의 형태를 왜곡시키는 방법으로 절망에 빠진 인물의 심리 상태를 극적으로 표현하고 있죠.

〈절규〉를 비롯한 뭉크의 작품 대부분이 내면적 고통을 투영하고 있는 것과 달리, 〈태양〉은 밝은 에너지로 가득 차 있습니다. 태양광선의 역동적이고 강력한 생명력이 느껴지는 이 그림에는 내면의 어둠으로

부터 벗어나고자 한 뭉크의 의지가 담겨 있습니다.

원래 〈태양〉은 1911년 오슬로국립대학교 100주년을 기념하기 위한 벽화 공모전에 응모한 작품이었습니다. 총 3부작으로 구성되어 11면의 벽에 그려진 연작 벽화 중 하나죠. 그중에서도 태양 빛의 무한한 생명력을 담아낸 〈태양〉은 뭉크의 후기작 가운데 가장 중요한 작품이자 노르웨이 회화의 기념비적인 작품으로 손꼽힙니다.

1963년 노르웨이 오슬로에는 뭉크 탄생 100주년을 기념하여 뭉크 미술관이 문을 열었습니다. 그곳에 가면 죽음, 공포와 우수를 주제로 한 전기 작품부터 삶의 기쁨과 자연의 풍요로움이 담겨 있는 후기 작품까지 1,100여 점에 달하는 뭉크의 작품들을 만나볼 수 있습니다.

생각루틴

2

열 개씩
찾기

Step 1   **Step 2**   **Step 3**
집중하기   **+**   관찰하기   **+**   구체적으로
묘사하기

집중과 관찰을 통한
사고력 키우기

열 개씩 찾기 생각루틴은 어느 한 대상에 주의를 집중하고 관찰하여 스스로 찾은 것들을 묘사해보는 연습을 통해 사고력을 신장시키는 방법입니다. 생각하는 힘에 대해 연구하는 많은 과학자들, 특히 하버드 연구팀 프로젝트 제로 역시 사고력 향상에 있어 집중과 관찰의 중요성을 강조합니다.

대상을 체계적으로 관찰하는 방법을 가르쳐주는 열 개씩 찾기 생각루틴에서는 '언제 사용하는가?' 하는 시기의 문제보다 '어떻게 적용하는가?' 하는 방법의 문제를 우선적으로 고려해야 합니다. 아이의 성향에 따라 적용 방법이 달라지기 때문에 무엇보다 놀이를 함께하는 부모나 교사의 역할이 매우 중요합니다.

여기서는 '집중과 관찰력이 부족한 아이', 관찰은 잘하지만 '보고 느낀 것을 성급하게 판단하는 아이'로 나눠서 열 개씩 찾기 생각루틴의 활용법을 설명하고자 합니다.

집중력과 관찰력이 부족한 아이
이 책에서 집중력과 관찰력이 부족한 아이에 대한 정의를 보다 명확히 하면 '부모나 교사가 판단하기에 집중력과 관찰력이 부족한 아이'입니다. 그러므로 부모와 교사는 어떠한 상황이나 질문이 아이의 집중력과 관찰력을 길러줄 수 있는지 고민해야 합니다.

처음부터 관찰하는 것이 싫고, 몰입과 집중이 안 되는 아이는 없습니다. 아이들은 자기 스스로 집중하고 관찰한 결과에 부모나 교사의 판단이 개입되거나 무언가를 강요한다고 느낄 때 이를 거부합니다.

따라서 부모나 교사는 아이에게 정해진 답을 이끌어내려 애쓰는 대신 아이 스스로 깊이 있는 생각을 할 수 있게 적극적인 자극을 주어야 합니다. 여기서 '적극적인 자극'이란 놀이의 파트너가 되어 아이와 함께 보고 듣고 느끼는 것에 동참하는 활동을 말합니다.

예를 들어 떼를 지어 하늘을 날아가는 새를 보고, 부모나 교사가 다음과 같은 질문을 아이에게 던졌다고 가정해봅시다.

1. "아! 새들이다. 새 봤어?"
2. "새들이 어떤 모양으로 이동하는지 알아?"
3. "넌 새에 관심이 없어?"

결론부터 말하자면 세 가지 질문 모두 집중력과 관찰력이 부족한 아이에게는 적합하지 못한 질문입니다.

첫 번째 질문은 '네' 혹은 '아니요'라는 대답밖에 할 수 없는 폐쇄적인 성격의 질문인 데다가 아이가 대상에 집중해야 할 필요성이나 흥밋거리를 전혀 제공해주지 못하고 있으므로 집중력과 관찰력이 부족한 아이에게 적절하지 못한 질문입니다. 아이에게 특정 정보를 요구하고 있는 두 번째 질문 또한 부적합한 질문입니다. 집중력과 관찰력이 부족한 아이에게서 필요한 정보를 순간적으로 끄집어내기란 무척이나 어렵기 때문입니다. 세 번째 질문은 자칫 잘못하면 아이에게 질타처럼 들릴 수 있는 질문 형식이므로 삼가야 합니다.

어떤 대상에 대한 아이의 관심을 끌고 관련 정보도 제공하고 싶다면, 유머나 비유적 표현 등을 적절히 사용해 대화하듯 아이에게 질문을 던져주세요. 질문한 이후에는 아이의 반응을 천천히 기다리면서 대답을 강요하지 않는 것이 중요합니다.

보고 느낀 것을 성급하게 판단하는 아이

깊은 생각 없이 성급히 판단하는 아이의 경우 부모나 교사는 더욱 세심하게 반응해야 합니다. 특히 아이가 보고 느낀 것들을 이야기하는 상황에서 "계속 찾아봐.", "또 뭐가 있어?"와 같은 반응을 보여서 아이에게 다른 특징을 계속 찾아보게 해서는 안 됩니다.

물론 아이가 대충 찾고 성급하게 이야기하는 것 같다고 판단될 때도 있습니다. 그렇다고 해서 부모나 교사는 자신의 생각을 강요할 것이 아니라 아이가 찾아낸 특징들을 중심으로 아이 스스로 대상을 깊이 관찰하고 생각을 전개해나갈 수 있도록 기다려줘야 합니다.

예를 들어 아이가 라파엘로의 〈아테네 학당〉을 보고 "파란색 망토를 입은 사람이 엄청 많네요. 할아버지들도 많아요."라고 말하며 관찰을 끝내려 한다면, "다 똑같이 생긴 파란색 망토를 입은 거야? 커플 티를 입으셨나? 그런데 자세히 보니까 할아버지들 수염 길이가 다 달라. 수염 색깔도 다른 걸?" 등과 같이 아이의 생각에서 단서를 찾아 새로운 특징들을 더 찾아보게 하는 질문을 제공해주세요.

열 개씩 찾기 생각루틴은 게임 형식을 빌려 일상생활 어디에서나 적용할 수 있다는 장점이 있습니다. 매일 마주하는 식사 시간은 물론이고 놀이터나 동물원 같은 야외에서도 이 생각루틴을 활용할 수 있습니다. 또한 글쓰기 과정에서 작문 주제와 관련된 자료를 보고, 생각을 나열하는 브레인스토밍 방법으로도 이용할 수 있습니다.

이 책에서 소개하고 있는 '내 마음대로 찾기 게임'처럼 열 개씩 찾기 생각루틴이 적용된 놀이를 할 때는 아이가 처한 상황, 아이의 성향과 수준 등을 고려해 찾을 개수와 관찰 시간을 조절해주세요.

다음에 이어질 라파엘로의 〈아테네 학당〉과 함께하는 '한 장면, 천 가지 생각' 놀이에서는 열 개씩 찾기 생각루틴이 게임 형식으로 펼쳐집니다. 그림에서 찾아낸 것들을 구체적으로 표현하는 활동을 통해 직관력과 서술적 묘사 능력을 키울 수 있습니다. 또한 〈아테네 학당〉은 '철학'이라는 다소 어려운 분야에 접근하기 쉬운 그림입니다. 그림에 등장하는 인물들을 통해 그리스 철학을 자연스럽게 접할 수 있도록 그림 속 배경 이야기를 간단하게 들려주세요.

🎲 내 마음대로 찾기 게임

- **게임 방법**
  ① 찾을 개수와 관찰 시간을 정합니다.
  ② 찾아낸 것을 번갈아가며 말해봅니다.

 ....

엄마와 초등학교 2학년 딸인 민정, 딸의 친구인 수지가 식탁에 둘러앉아 식사를 합니다. 엄마가 먼저 '내 마음대로 찾기 게임'을 하자고 제안합니다. 열 개는 너무 많아서 세 개씩 찾아보기로 합니다. 30초 동안 음식을 관찰한 후 땡 소리와 함께 엄마가 먼저 찾아낸 것들을 말합니다.

엄마: 엄마가 찾은 것은 검은깨가 있는 초록색 나물, 호박씨가 들어있는 멸치볶음, 엄마 젓가락이 짝짝이인 것, 이렇게 세 개야.
민정: 맛없는 나물 반찬이 네 개나 되고, 김치가 점심때 먹은 것보다 덜 빨갛고, 계란말이 안에 김이 있어요.
수지: 우리 집하고 밥 색깔이 달라요. 밥에 들어 있는 콩도 우리 집보다 훨씬 크고요. 오징어 다리 빨판 안에 고춧가루가 들어 있어요.

39

라파엘로의 〈아테네 학당〉과 함께하는 생각놀이

한 장면, 천 가지 생각

🔍 **부록: 작품 그림 2 참조**

라파엘로 산치오, 〈아테네 학당〉

놀이 목표

• 그림을 탐색하고 무언가를 발견하는 활동을 통해 집중력과 관찰력을 키우고, 성취감을 느낄 수 있어요.

• 관찰한 것을 자세히 묘사해봄으로써 상황이나 장면을 설명하는 능력을 기를 수 있어요.

1. 관심 끌기

아이의 흥미를 유발할 수 있는 질문들을 던져주세요.

- 그림에서 뭐가 보이니?
- 그림 속에 등장하는 사람은 모두 몇 명이지?
- 그중에서 가장 눈에 띄는 사람은 누구니?
- 그림 속 인물들은 모두 유명한 사람들 같니?

2. 관찰을 돕는 질문하기

아이가 흥미를 느낀 부분을 중심으로 다양한 질문들을 던져서 그림에 대한 아이의 관심과 집중이 지속되도록 돕습니다. 그림을 유심히 관찰할 수 있는 아이라면, 이 단계를 거치지 않고 바로 '게임을 통해 탐색하기' 단계로 넘어가도 무방합니다.

- 사람들 말고 그림에서 눈에 띄는 게 있니?
- 차림새를 보니 어느 시대에 살았던 사람들 같니?
- 알고 있는 사람과 닮은 사람이 있니?
- 사람들이 모여 있는 곳은 어디일까?
- 어떤 목적으로 한곳에 모여 있을까?

3. 게임을 통해 탐색하기

'열 개씩 찾기 게임'을 통해 그림 〈아테네 학당〉을 본격적으로 탐색해보는 단계입니다. 상황에 따라 게임 규칙을 얼마든지 변경해도 무방하며, 이 책에 나온 다른 생각루틴과 함께 사용해도 좋습니다. 다만, 관찰을 습관화하기 위해서 무언가 '빨리' 말하도록 유도하거나 이미 답을 정해 놓고 아이가 그것을 '포착해야 할 것' 같은 분위기를 만들어서는 안 됩니다.

⬡ 열 개씩 찾기 게임

- **준비물:** 화이트보드 또는 큰 종이
- **놀이 방법**
  ① 30초간 그림을 관찰합니다. 30초라는 시간을 아이가 부담스러워 한다면 10초부터 시작해서 점차 시간을 늘려가 주세요. 이때 깊이 있는 관찰을 위해 가능한 한 조용한 환경을 제공해주는 것이 좋습니다.
  ② 아이와 부모(교사)가 그림을 보고 발견한 것을 각자 열 개씩 말해봅니다. 찾을 개수는 상황에 따라 자유롭게 설정하고, 말한 것을 화이트보드나 큰 종이에 기록합니다.
  ③ 아이–부모(교사) 순으로, ②의 과정을 원하는 만큼 반복합니다.
  ④ 게임을 종료하면서 지금까지 발견한 것들에 감탄하며 이야기를 나눠봅니다.

예시

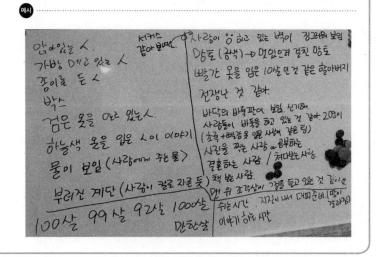

4. 특정 인물을 깊이 있게 탐색하기

그림 속 등장인물 가운데 한 인물을 지속적으로 관찰하면서 인물과 관련한 숨은 이야기를 알아보는 단계입니다. 이 단계에서는 그림에 대한 정보가 어느 정도 있어야지만 놀이가 원활하게 진행됩니다. 제공하는 정보에 따라 탐색의 깊이가 달라지기 때문에 활동 전에 그림 속 배경 이야기를 아이에게 간단히 들려주는 것이 좋습니다.

- 오른손으로 하늘을 가리키고 있는 사람을 찾아볼까?
- 방금 찾은 사람의 왼손에 들려 있는 건 뭘까?
- 이 사람은 무슨 생각을 하고 있는 것 같니?
- 왜 손가락으로 하늘을 가리키고 있을까?
- 이 사람의 직업은 무엇일까?
- 손에 들고 있는 책은 이 사람이 지었을까? 어떤 내용일까?
- 대화 중인 사람과는 어떤 이야기를 하고 있을까?
- 이 사람이 어떤 사람인지 궁금하니? 이 사람에 대해 알려줄게.

5. 자유롭게 표현하기

소재나 표현 방식에 제한을 두지 않고, 아이가 관찰한 것을 자유롭게 표현해보는 시간입니다. 여기서 중요한 것은 아이가 자세히 관찰한 내용이 담겨 있는, 즉 이야깃거리가 많은 그림을 그리도록 하는 것입니다. 아이가 관찰한 것을 바탕으로 만들어낸 풍성한 이야기를 형식에 얽매이지 않고 자유롭게 표현할 수 있도록 도와주세요.

8세 남아, 〈축구를 가장 잘하는 아이〉

7세 여아, 〈숫자 '0'을 찾아보자〉

한 시대를 빛낸 54명의 위인들과
함께하고 싶었던 라파엘로

　〈아테네 학당〉은 르네상스 미술을 대표하는 라파엘로 산치오(Raffaello Sanzio, 1480~1520년)의 작품입니다. 라파엘로는 미켈란젤로, 레오나르도 다 빈치와 함께 르네상스 미술의 3대 거장으로 불리고 있죠. 〈아테네 학당〉은 캔버스에 그린 그림처럼 보이지만 바티칸 미술관에 있는 벽화로, 가로 823.4cm 세로 579.5cm의 대작입니다.

　라파엘로가 활동했던 르네상스 시대는 그리스·로마 문화의 부흥기였습니다. 그 시대 예술가들은 그리스 문화를 찬미했고, 라파엘로도 그런 예술가 중 한 명이었죠. 당시 그리스의 아테네 학당을 엿보고 싶던 라파엘로는 사람들 사이로 자신을 몰래 그려 넣어, 그림 속에서나마 그리스 시대에 잠시 머무르는 시간을 가졌습니다. 학당 내부에는 두 개의 큰 석상이 세워져 있는데, 오른쪽 석상이 태양의 신 아폴론이고, 왼쪽 석상이 지혜의 여신 아테나입니다. 아폴론은 이성을, 아테나는 지혜를 상징하죠. 이는 그리스 철학의 주요 특징을 한눈에 보여주는 상징물이기도 합니다.

　그림 한가운데서 빨간색 옷을 입은 사람과 파란색 옷을 입은 사람이 이야기를 나누고 있는 모습이 보입니다. 그리스를 대표하는 철학자인 플라톤과 아리스토텔레스입니다. 플라톤은 오른손으로 하늘을 가리키고 있고, 우주론을 다루는 자신의 저서 《티마이오스》를 왼쪽 옆구리에 끼고 있습니다. '진리는 저 하늘 위에 있는 이데아(idea) 세계에 있다'는 의미이지요. 아리스토텔레스는 오른손을 바닥을 향해 들고 있으며, 왼손으로 삶의 문제와 행복을 다룬 자신의 저서 《니코마코스 윤리학》을 들고 있습니다. '행복이란 바로 이 땅 위에, 현실 세계에 진리가 있다'는 의미입니다. 플라톤의 스승이자 '너 자신을 알라'는 명언으로 유명한 소크라테스는 플라톤의 왼편에서 카키색 옷을 걸치고 있네요.

〈아테네 학당〉에는 철학가뿐만 아니라 수학자, 천문학자들도 등장합니다. 그림 왼쪽 아래 무언가를 열심히 쓰고 있는 사람이 보이시나요? 우리에게 '피타고라스의 정리'로 잘 알려진 수학자 피타고라스입니다. 피타고라스의 반대편에는 허리를 구부리고 아이들에게 둘러싸여 무엇인가를 그리고 있는 사람이 보입니다. 바로 수학자 유클리드입니다. 평행하지 않은 두 선은 언젠가 반드시 만난다는 원리를 제시한 유클리드는 오늘날 기하학의 아버지로 불린답니다.

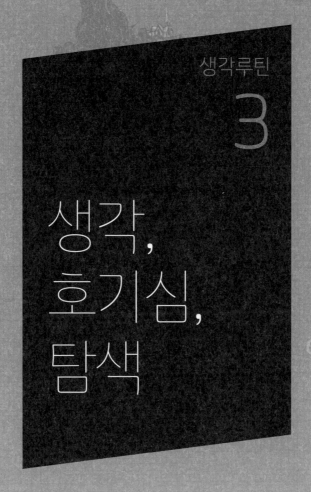

생각루틴

3

생각,
호기심,
탐색

Step **1**   Step **2**   Step **3**
생각하기 **+** 질문하기 **+** 탐색하기

단순한
생각의 도구 활용하기

생각, 호기심, 탐색 생각루틴은 단순하지만 반드시 필요한 생각의 도구(생각-질문-탐색)를 활용하여 사고의 기본 역량을 다지는 방법입니다. 이 생각루틴은 아이 스스로 생각할 기회가 많지 않다는 데서 문제점을 느끼고, 이를 개선하기 위해 고안되었습니다.

가장 근본적인 질문을 통해 아이에게 생각해볼 기회를 마련해주는 생각, 호기심, 탐색 생각루틴은 다음 세 가지 핵심 질문을 이용해 아이의 호기심을 적극 활용하고, 아이가 이미 알고 있는 것들을 자극하여 사고를 활성화시킵니다.

• 생각, 호기심, 탐색 생각루틴의 핵심 질문

  - 어떻게 생각하는가?
  - 떠오르는 질문은 무엇인가?
  - 탐색하고 싶은 것은 무엇인가?

생각, 호기심, 탐색 생각루틴을 활용할 때는 아이가 질문을 만들고, 그 질문에 대답하는 과정에서 떠올린 생각을 명확하게 다듬을 수 있도록 충분한 시간을 제공해줘야 합니다. 이때 생각을 정리하는 방법으로 체크리스트를 이용해보세요. 체크리스트를 사용하면 효율적으로 생각을 정리할 수 있을 뿐만 아니라, 다음과 같은 상황에서도 활용 가능하다는 장점이 있습니다.

☑ 체크리스트 활용 사례

새로운 주제, 개념, 화제 등을 소개할 때

아이가 이미 알고 있는 것이 무엇인지 확인할 수 있고, 나아가 아이가 흥미를 가지고 있는 것, 더 알고자 하는 것이 무엇인지 알 수 있습니다.

학습 단계 및 수준을 체크할 때

아이의 현 학습 단계 및 수준을 파악할 수 있어 다음 학습 과정을 설정하는 데 도움이 됩니다. 또한 자신의 성장과 발전 정도를 확인할 수 있어서 학습 과정 전체를 되돌아보는 데도 효과적입니다.

다음에 이어질 쇠라의 〈그랑드 자트 섬의 일요일 오후〉와 함께하는 '생각+생각=?' 놀이를 통해 단순한 생각의 도구를 활용해 사고하는 방법을 배울 수 있습니다. 더불어 작품 속 표현기법인 점묘법에 관한 지식도 쌓게 됩니다. 놀이 과정에서 생각, 호기심, 탐색 생각루틴은 두 번에 걸쳐 적용됩니다. 첫 번째는 쇠라의 그림을 대상으로, 두 번째는 아이가 그린 그림을 대상으로 탐색과 질문 활동이 이루어진다는 점에 유념하세요.

쇠라의 〈그랑드 자트 섬의 일요일 오후〉와 함께하는 생각놀이

'생각+생각=?'

🔍 **부록: 작품 그림 3 참조**

조르주 피에르 쇠라, 〈그랑드 자트 섬의 일요일 오후〉

놀이 목표

• 객관적인 사실과 주관적인 생각의 차이를 구별할 수 있어요.

• 언어적으로 묘사와 설명 능력이 정교해질 수 있어요.

• 미술 표현기법 중 하나인 점묘법에 대해 배울 수 있어요.

1. 생각, 호기심, 탐색의 질문하기

생각, 호기심, 탐색 생각루틴이 적용된 질문을 통해 쇠라의 그림을 살펴보는 단계입니다. 이 단계에서는 그림에 대한 아이의 주관적 생각과 추측이 중요합니다.

- 그림을 보고 무슨 생각이 떠올랐니?
- 화가에게 묻고 싶은 것이 있니?
- 그림을 보고 가고 싶은 곳이 생겼니?

2. 그림 관찰하기

그림에서 아이가 눈으로 본 객관적인 사실만을 찾게 합니다. 자유롭게 관찰하며 발견한 것을 메모해도 좋고, 다음에 소개하고 있는 '돋보기로 변신한 눈알 게임'을 활용해 그림을 관찰해도 좋습니다.

🎲 돋보기로 변신한 눈알 게임

- **준비물:** 그림 출력물
- **놀이 방법**
  ① A4에 프린트한 그림을 두 조각으로 나눕니다.
  ② 아이와 부모(교사)가 한 조각씩 골라 갖습니다.
  ③ '시작' 구호와 함께 15초 동안 아이의 그림 조각을 먼저 관찰합니다.
  ④ 그림에서 찾아낸 것을 번갈아가면서 이야기합니다. 생각이나 느낌이 아니라 눈으로 본 사실만을 말해야 하므로 "그림에서 무엇을 보았나요?"라고 상대방에게 직접 질문하는 것이 좋습니다.
  ⑤ 한 명이 그림에서 본 것을 말하면, 다른 사람은 말한 것이 진짜 있는지 찾아봅니다.
  ⑥ 새로운 것을 더 이상 찾을 수 없을 때까지 게임을 계속합니다.

⑦ 마지막으로 찾은 것을 말한 사람이 게임에서 승리하게 됩니다.

⑧ 게임이 끝나면, 부모(교사)가 가진 그림 조각을 가지고 다시 게임을 시작합니다.

3. 작품에 쓰인 표현기법 알아보기

그림 〈그랑드 자트 섬의 일요일 오후〉에 사용된 표현기법에 대해 알아보는 단계입니다. 무수히 많은 작은 점들이 모여서 나무, 사람, 강아지, 원숭이 등 다양한 사물의 형체를 이루고 있다는 사실을 이야깃거리 삼아 아이와 대화해주세요. 그림의 일부를 확대 출력하여 아이와 함께 관찰하는 시간을 가지면 더 좋습니다.

- 이 그림은 어떤 방식으로 그린 걸까?
- 작은 점들이 모여 우산이 되었어. 이렇게 그려진 것들을 더 찾아볼까?
- 이 화가는 다른 그림들도 똑같은 방식으로 그렸을까?
- 작은 점들을 찍어서 그림을 그리는 방식을 뭐라고 부를까?

4. 자유롭게 표현하기

점묘법을 이용해 자유롭게 표현해보는 시간입니다. 붓이나 손가락 끝에 물감을 묻혀 점을 찍거나 매직이나 사인펜으로 점을 찍는 방식으로 그림을 그릴 수 있습니다. 크레파스, 물감 튜브의 끝부분, 지우개 등 다양한 도구를 사용하여 창의적 표현 활동이 이뤄지도록 도와주세요. 아이가 원하는 방식대로 그림을 완성하는 과정에서 이와 같은 표현기법, 즉 점묘법을 대표하는 화가가 쇠라라는 사실을 말해줍니다. 덧붙여 쇠라는 물감을 섞어 쓰지 않고, 원색을 사용해 그림을 그렸다는 이야기도 들려주세요.

5. 생각, 호기심, 탐색의 질문 다시 하기

아이가 그린 그림을 가지고 생각, 호기심, 탐색 생각루틴에 따라 질문을 만들어보게 하는 단계입니다. 질문을 만들어내는 것에 부담을 느끼는 아이라면, 부모나 교사가 먼저 자신의 생각을 밝히는 식으로 생각루틴에 걸맞은 질문을 던져주세요.

- 나는 그림을 보고 이런 생각이 들었어. 너는 그림을 그리면서 어떤 생각이 들었니?
- 나는 그림을 보면서 이런 궁금증이 생겼어. 너는 그림을 그리면서 작가나 다른 사람에게 물어보고 싶은 게 있었니?
- 그림을 보니까 이것에 대해 더 알아보고 싶어졌어. 너는 그림을 그린 후에 더 알아보고 싶은 게 생겼니?

| 놀이 활동 사례 |

10세 남녀 아이의 공동 작업, 〈그랑드 자트 섬 아래의 비밀통로〉

단 한 장의 그림을 위해
3년 동안 점을 찍은 쇠라

프랑스 화가 조르주 피에르 쇠라(Georges Pierre Seurat, 1859~1891년)가 활동했던 시기는 인상주의 화풍이 유행하던 시기였습니다.

마네, 모네, 르누아르와 같은 인상파 화가들은 전통적인 회화기법을 거부하고 빛과 색에 대해 화가가 느끼는 순간적이고 주관적인 느낌, 즉 인상을 화폭에 담는 데 관심을 가졌습니다. 하지만 쇠라는 인상주의 화풍이 빛을 표현하는 것에 치중하여 사물의 형태와 명암을 무시하는 것에 불만을 품고 있었죠.

과학성·합리성을 중시했던 쇠라는 물체가 가진 고유의 색을 표현하면서도 빛에 의해 반응하는 가장 자연스러운 법칙을 찾고자 노력했습니다. 점묘법에서 그 해결책을 찾은 쇠라는 작은 색점을 무수히 찍는 방식으로 물체를 표현했습니다.

그뿐만 아니라 쇠라는 순수하게 원색만으로 구성된 그림이 빛에 의해 인간의 눈에 들어올 때가 가장 실제 색에 가깝다고 생각했기 때문에, 색을 섞지 않고 가능한 한 원색을 사용하려 노력했습니다. 오늘날 컴퓨터 모니터의 픽셀이 합쳐져 우리 눈에 이미지로 구현되는 것과 같은 원리로 색을 인식한 것입니다. 모니터 픽셀이 작을수록 해상도가 높아지는 것처럼, 쇠라 역시 작은 점을 촘촘히 찍을수록 더 사실적인 그림이 완성될 것이라 여겼습니다.

정교한 계산 아래 그림을 그렸던 쇠라는 한 작품을 완성하는 데 많은 시간이 쏟아부었습니다. 그의 대표작인 〈그랑드 자트 섬의 일요일 오후〉는 1884년부터 1886년까지 무려 3년이란 긴 시간에 걸쳐 완성한 작품이랍니다. 32세라는 젊은 나이에 생을 마감한 쇠라는 오랜 작업 시간 탓에 많은 작품을 남기지는 못했지만, 독창적이고 독보적인 화풍으로 신인상주의 사조를 대표하는 화가로 인정받고 있습니다.

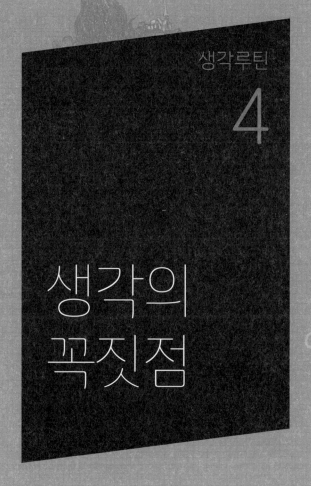

생각루틴

4

생각의
꼭짓점

Step 1

객관적으로
생각하기

+

Step 2

타인과 세상
설득하기

+

Step 3

다시 생각하고
제안하기

네 가지 사고 포인트로
합리적 결론에 도달하기

생각의 꼭짓점 생각루틴은 네 가지 사고 포인트를 통해 합리적인 결론을 이끌어내는 방법입니다. 객관적으로 생각하고, 남을 설득하고, 다시 생각해보는 과정에서 얻는 깨달음은 합리적인 사고력을 키우는 데 큰 도움이 됩니다.

이 생각루틴은 특히 발표나 토론 시간에 자신의 주장을 펼치거나 의견을 제안할 때 활용하면 효과적입니다. 생각의 꼭짓점 생각루틴에서 제시하는 사고 포인트에 따라 생각을 정리하다 보면 주어진 주제를 객관적으로 검토할 수 있고, 떠오른 생각들을 논리적으로 전개해나갈 수 있습니다.

생각의 꼭짓점 생각루틴에는 네 가지 사고 포인트가 있습니다. 바로 'Excited(흥미)', 'Worrisome(걱정)', 'Need to know(알아야 할 것들)', 'Stance or Suggestion for Moving Forward(발전을 위한 제안)'입니다. 각각의 사고 포인트의 앞글자를 따서 'E', 'W', 'N', 'S'라고도 합니다.

생각의 꼭짓점 네 가지 사고 포인트

흥미, 매력요소, 장점 등 긍정적인 것 찾기
Excited 흥미

걱정, 단점 등 부정적인 것 찾기
Worrisome 걱정

E W

N S

Need to know 알아야 할 것들
필요한 정보 찾기

Stance or Suggestion for Moving Forward 발전을 위한 제안
생각을 정리하고, 앞으로의 방향을 구체적으로 설정하기

  E, W, N, S 네 가지 사고 포인트는 주제가 있는 활동이라면 어느 상황에서나 활용이 가능합니다. 예를 들어 동화 속 주인공의 선택에 대해 이야기할 때나 새로운 시사 문제에 대해 논할 때, 교실에서 선생님과 친구들 사이에 필요한 규칙에 대해 토론할 때 등 다양한 상황에서 생각의 꼭짓점 생각루틴을 활용할 수 있습니다.

다음에 이어질 클레의 〈지서귀는 기계〉와 함께하는 '나라면 어떨까' 놀이에서는 작품이 가진 이미지, 작가와 작품에 관한 이야기를 주제로 생각의 꼭짓점 생각루틴이 펼쳐집니다. '나라면 어떨까' 생각놀이는 혼자서도 할 수 있고, 여러 명의 친구들과 함께 할 수도 있습니다. 여럿이서 이 놀이를 할 때는 서로의 생각을 비교하고 타협하는 과정에서 서로 다른 의견을 조율하는 방법을 배우게 됩니다. 아이의 상황과 성향을 고려해 놀이를 진행해주세요.

클레의 〈지저귀는 기계〉와 함께하는 생각놀이
나라면 어떨까

🔍 **부록: 작품 그림 4 참조**

파울 클레, 〈지저귀는 기계〉

놀이 목표

• 나의 생각을 객관적으로 검토해볼 수 있어요.

• 다른 사람을 설득하고, 대안을 제시하는 활동을 통해 사고를 논리적으
로 전개해나갈 수 있어요.

1. 그림 감상하기

그림을 자유롭게 감상해보는 단계입니다. 작가와 작품에 대한 정보가 전혀 없는 상태에서 생각의 꼭짓점 E, W, N에 해당되는 질문을 아이에게 던져주세요. 만약 아이가 질문에 흥미를 느끼지 못하거나 망설이는 태도를 보인다면 굳이 대답을 강요하지 말아주세요. 이 단계는 E, W, N에 들어맞는 질문을 제공하는 것만으로 충분합니다.

- (화가의 생각을 헤아리며) 화가가 좋아했던 부분은 뭘까? (E)
- (화가의 생각을 헤아리며) 화가는 어떤 부분을 걱정했을까? (W)
- 화가에게 해주고 싶은 말이 있다면, 어떤 말을 하고 싶니? (N)

2. 작가와 작품에 대해 알아보기

본격적으로 생각의 꼭짓점 생각루틴이 펼쳐지기 전에 작가와 작품에 대해 알아보는 단계입니다. 아이와 질문을 주고받으며 〈지저귀는 기계〉의 시대적 배경과 기계에 대한 클레의 생각을 간략하게 이야기해주세요.

- 이 그림은 언제 그린 그림일까?
- 총, 탱크, 전투기 같은 전쟁 무기들을 본 적이 있니?
- 많은 사람들이 죽고 다치는 전쟁이 일어난다면, 어떤 기분이 들까?
- 그림을 그리면서 화가는 무슨 생각을 했을까?
- 기계가 없던 세상에 갑자기 기계가 나타난다면 어떤 생각이 들까?
- 세상이 로봇으로 가득 찬다면 어떨 것 같니?
- 세상에서 기계가 사라진다면 어떤 일이 벌어질까?

3. 생각의 꼭짓점 E, W, N을 적용하기

생각의 꼭짓점 E, W, N에 해당하는 질문을 통해 아이의 생각과 의견을 분석해보는 단계입니다. 질문하기에 앞서 기계에 대한 아이의 생각을 먼저 정리해주세요. 그리고 N을 적용하는 과정에서는 아이의 의견과 함께 그렇게 생각한 이유를 반드시 밝히게 해주세요. 타인을 설득하기 위해서는 자신의 주장을 뒷받침할 수 있는 타당한 근거가 필요한 법입니다. 아이에게 이러한 사실을 알려주면서 생각을 논리적으로 전개해나갈 수 있도록 이끌어주세요.

• 기계에 대한 생각 정리하기

 - 네가 알고 있는 기계들을 모두 말해볼래?

 - 기계란 무엇일까?

• E, W에 맞춰 생각하기

 - 그림에서 가장 마음에 드는 부분이나 재밌는 부분은 어디야? (E)

 - 네가 좋아하는 기계는 뭐니? (E)

 - 그림에서 이상한 부분이나 문제라고 생각하는 것들이 있어? (W)

 - 그림을 본 후 걱정거리가 생겼니? (W)

• N에 맞춰 생각하기

 - 화가의 심정을 이해하기 위해 우리가 더 알아야 할 건 뭘까? (N)

 - 네가 느낀 문제점을 해결하기 위해 필요한 것은 뭘까? (N)

4. 생각의 꼭짓점 S를 적용하기

생각의 꼭짓점 S에 해당하는 질문을 통해 문제를 되짚어보고, 그에 대한 해결책을 제안해보는 단계입니다. 질문하기에 앞서 E, W, N에 대한 아이의 생각을 먼저 정리해주세요.

• E, W, N에 대한 아이의 생각 정리하기

 - 새의 몸이 철사로 만들어진 게 흥미로웠구나! (E)
 - 날개도 얇은 철사라서 바람에 꺾이는 게 아닐까 하는 걱정이 들었구나. (W)
 - 강한 바람을 뚫고 새가 어떻게 나는지 궁금해졌어? (N)

• S에 맞춰 생각하기

 - 그림을 보고 생긴 문젯거리를 해결하기 위해 우리는 무엇을 해야 할까?

5. 자유롭게 실행해보기

생각의 꼭짓점 S에서 아이가 말한 내용을 구체적으로 실행해보는 단계입니다. 아이가 세운 계획대로 자신의 생각을 마음껏 펼칠 수 있게 도와주세요. 만약 아이가 어떻게 해야 할지 잘 몰라 헤매고 있다면, 부모나 교사가 아이의 생각을 표현할 수 있는 여러 가지 활동들을 먼저 제안해주시면 됩니다.

• 제안할 수 있는 다양한 활동들

 - 집에 있는 기계들을 하나씩 없애고, 그 상황을 그려보기
 - 기계가 없던 시절의 자료 찾아보기
 - 발명과 관련된 흥미로운 이야기 알아보기

| 놀이 활동 사례 |

9세 남아, 〈햄버거를 먹는 로봇〉

6세 남아, 〈비처럼 내리는 기계〉

산업화 사회가 불러오는
황폐화된 세상이 싫었던 클레

파울 클레(Paul Klee, 1879~1940년)가 활동했던 시기는 2차 산업혁명 직후로 과학기술이 눈부시게 발전했던 때였습니다. 증기 대신 석유를 동력으로 사용하면서 자동차가 대중화되었고, 전기의 보급으로 공장이 자동화되면서 생산성이 폭발적으로 증가하게 되었죠. 영사기, 라디오, 축음기 등 오늘날 우리가 즐겨 쓰는 물품들이 발명된 것도 바로 이 시기랍니다.

본격적인 기계 시대가 열린 것에 사람들은 열광했지만 클레는 이러한 변화를 탐탁지 않아 했습니다. 탱크, 전투기 같은 전쟁 무기가 대거 등장한 제1차 세계대전의 폐해를 직접 목격한 클레에게 기계는 편리함보다는 불편한 감정을 주는 대상이었기 때문이죠. 게다가 전쟁에 징병된 동료 화가 프란츠 마르크의 죽음으로 인해 기계에 대한 그의 반감은 극에 달하게 됩니다.

기계에 대한 클레의 부정적 감정이 잘 드러나 있는 작품이 바로 1922년에 그려진 〈지저귀는 기계〉입니다. 이 그림은 삐걱대는 소리가 날 것 같은 새들과 녹슨 느낌의 배경이 어우러져 기괴한 분위기를 뿜어내고 있습니다. 왼쪽 아래 손잡이가 달린 줄에 앉아 있는 새들은 자유를 잃어버린 채 손잡이를 돌리면 돌리는 대로 '끼익' 하는 소리를 내면서 돌아갈 것만 같습니다.

클레는 당시 유럽 사회에 만연한 기계 문명을 칭송하는 분위기를 걱정하며, 산업화로 인해 자연과 사회가 황폐해지고 인간성마저 상실될까 두려운 마음을 그림 〈지저귀는 기계〉에 담아냈습니다.

처음,
중간,
끝

Step 1
단서를
포착하기

+

Step 2
상상하기

+

Step 3
정교하게
서술하기

완성도 있는
나만의 이야기 만들기

처음, 중간, 끝 생각루틴은 단편적인 단서로부터 생각의 물꼬를 트고, 상상력을 동원해 만들어낸 이야기를 정교하게 다듬는 과정에서 창의적 사고 능력을 길러주는 방법입니다.

포착한 단서를 중심으로 앞뒤 맥락을 유추해야 할 때 처음, 중간, 끝 생각루틴을 활용하면 아이의 창의적인 대답을 이끌어내기가 쉽습니다. '이야기의 처음이라면?', '이야기의 중간이라면?', '이야기의 끝이라면?' 세 가지 기본 질문이면 아이의 상상력을 북돋아 주기에 충분합니다.

처음, 중간, 끝 생각루틴은 창작한 이야기를 말하는 과정에서 스토리텔링 능력을 키울 수 있을 뿐만 아니라 주제와 관련된 장면을 관찰하고 찾아낸 것들을 연결하여 새로운 의미를 발견하는 활동에도 유용합니다. 이 생각루틴은 아이가 스스로 찾은 단서를 가지고 상상의 나래를 펼치는 활동이기 때문에 "나 저거 싫어!", "그거 재미없어!"라는 말을 자주 하면서 쉽게 판단하는 성향을 가진 아이나 "난 못해! 차라리 다른 걸 할래."라며 쉽게 좌절하는 성향을 가진 아이들에게 효과적인 방법입니다.

다음에 이어질 다 빈치의 〈모나리자〉와 함께하는 '무슨 일이 있었던 걸까' 놀이는 한 번쯤 보고, 들어봤을 법한 유명한 그림을 대상으로 단편적인 생각을 긴 생각으로 발전시키는 놀이입니다. 〈모나리자〉에 얽힌 미스터리를 함께 풀어나가면서 그림에서 찾은 단서를 가지고, 무한한 상상력을 발휘하여 새로운 이야기를 만들어보는 활동을 통해 아이의 생각이 어떻게 변화하고 발전되는지를 지켜봐 주세요.

다 빈치의 〈모나리자〉와 함께하는 생각놀이

무슨 일이 있었던 걸까

🔍 부록: 작품 그림 5 참조

레오나르도 다 빈치, 〈모나리자〉

놀이 목표

• 발견한 단서를 가지고 서사적 이야기로 발전시킬 수 있어요.

• 상상력을 동원해 만든 두루뭉술한 이야기를 정교하게 다듬을 수 있어
 요.

1. 그림 감상하기

놀이의 시작 단계로 아이와 함께 그림을 자유롭게 감상해주세요.

 - 그림을 보고 어떤 생각이 들었어?
 - 그림의 분위기는 어때 보여?
 - 그림 속 인물은 유명한 사람일까?

2. 발견한 것 이야기하기

아이와 함께 그림에서 찾아낸 것들을 이야기하면서 단서를 포착하는 단계입니다. 기록지에 발견한 것들을 적으면서 놀이를 진행해주세요. 만약 찾는 것이 서툰 아이라면, 부모 또는 교사가 그림에서 발견한 것을 먼저 말하는 식으로 놀이를 이끌어가 주세요. 이때 발견하기 쉽지 않은 부분은 꼭 구체적인 설명을 곁들여주셔야 합니다. 예를 들어 그림 속 모델을 보고, 단순하게 '사람', '여자'라고 말하기보다는 '팔짱을 끼고 앉아 있는 사람', '파마가 풀린 것 같은 머리카락을 가진 여자' 등 그림 속 요소들을 자세히 묘사해주는 것이 좋습니다.

 - 그림에서 어떤 것들을 찾았니?

3. 그림에 상상 더하기

그림에서 볼 수 없는 것들을 상상해보는 단계입니다. 궁금한 점을 뽑아 목록을 작성해보거나 부모나 교사의 궁금증인 것처럼 아이에게 잇따라 질문을 던지는 형식으로 놀이를 진행해도 좋습니다.

• 궁금한 점 목록 작성하기

그림 속 인물의 뒷모습, 앉아 있는 자세, 외형적 특징(키, 몸무게, 나이 등), 성격이나 취향, 신분이나 직업, 그림 속 배경 등

• 궁금한 점 질문하기

- 난 이 사람 뒤통수가 그렇게 궁금하더라. 납작할까? 뒤짱구일까?
- 여자인지 남자인지 헷갈리게 생겼어. 이 사람의 키와 몸무게는 얼마나 될까? 덩치는 클까?
- 화를 잘 내는 성격일까? 친구를 웃게 하는 유쾌한 사람일까? 맨날 우는 울보일까?
- 무슨 일을 하는 사람인지 궁금하네. 학생일까? 요리사일까? 아니면 지구를 탐험 중인 외계인일까?
- 혼자 있는 걸까? 주변에 다른 사람들이 있다면, 어떤 사람들과 함께 있는 걸까?
- 뒤로 꼬불꼬불한 길과 나무들이 보이는데, 이 사람이 있는 곳은 어디일까?

4. 처음, 중간, 끝 이야기 만들기

단편적인 장면에 살을 덧붙여 풍성한 이야기를 만들어보는 단계입니다. 그림이나 글, 또는 글과 그림이 혼합된 형태 등 다양한 형식으로 이야기를 엮어나갈 수 있습니다. 이때 이야기의 창작 형식은 전적으로 아이의 선택에 맡겨주세요. 단, 이야기의 처음, 중간, 끝이라는 조건을 전제로 두고 놀이를 진행해야 합니다. 이야기의 처음, 중간, 끝이라는 세 가지 조건을 모두 적용해 놀이를 진행할 수도 있고, 한두 가지만 선택해 진행할 수도 있습니다. 부모나 교사가 아이와 다른 조건을 선택해

각각 다른 이야기를 만든 후 비교해보는 것도 즐거운 놀이가 됩니다.

- 이야기의 처음이라면: 〈모나리자〉가 어떤 이야기의 시작 장면이라는 가정하에 이어지는 이야기를 만들어보게 합니다.
  - 이 장면이 이야기의 시작이라면, 앞으로는 어떤 일들이 벌어질까?

- 이야기의 중간이라면: 〈모나리자〉가 어떤 이야기의 중간 장면이라는 가정하에 앞뒤로 연결되는 이야기를 만들어보게 합니다.
  - 이 장면이 이야기의 중간이라면, 바로 전에는 어떤 일이 있었을까?
  - 이 장면이 이야기의 중간이라면, 이 다음에는 어떤 일이 일어날까?

- 이야기의 끝이라면: 〈모나리자〉가 어떤 이야기의 마지막 장면이라는 가정하에 앞에 있었던 이야기를 만들어보게 합니다.
  - 이 장면이 이야기의 끝이라면, 처음부터 지금까지 어떤 일들이 있었을까?

5. 정리하기

이전 단계인 '처음, 중간, 끝 이야기 만들기'에서 아이가 창작한 이야기에 제목을 붙이고, 앞에서 말한 많은 이야기들을 정리하며 놀이를 마무리하는 시간입니다. 평소 아이가 자주 보는 동화책에서 한 장면을 선택해 이야기를 각색해보는 방식으로 처음, 중간, 끝 생각루틴을 활용할 수도 있습니다. 선택한 장면 사이사이 새로운 이야기를 끼워 넣어 세상에 하나밖에 없는 나만의 동화책을 만들 수 있습니다.

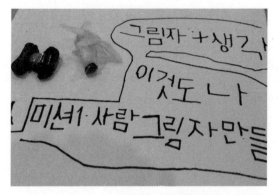

8세 여아, 〈그림자를 생각하는 모나리자〉

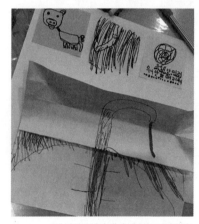

9세 남아, 〈새의 배 속에 있는 모나리자〉

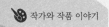

알쏭달쏭 훔치고 싶은
미소를 그린 다 빈치

레오나르도 다 빈치(Leonardo da Vinci, 1452~1519년)의 〈모나리자〉는 서양미술사에서 가장 유명한 작품으로 손꼽힙니다. 파리 루브르 박물관에서 소장 중인 〈모나리자〉를 1963년 뉴욕 메트로폴리탄 미술관에서 27일간 전시한 적이 있는데, 한 달도 안 되는 기간에 무려 백만 명이 넘는 관람객이 다녀갔을 정도입니다.

〈모나리자〉를 보면 그림 속 인물의 눈가와 입 주변이 마치 안개에 싸인 것처럼 흐릿합니다. 사람의 표정을 읽는 가장 중요한 부위인 눈과 입이 또렷하지 않으니, 그림을 보는 사람에 따라 미소를 짓는 것처럼 보이기도 하고 비웃음이나 슬픈 표정으로 보이기도 합니다. 그래서 모나리자의 신비로운 표정을 '모나리자의 수수께끼'로 부른답니다.

〈모나리자〉의 모델은 알쏭달쏭한 미소와 함께 눈썹이 없는 것으로도 유명합니다. 이로 인해 그림이 미완성이라는 설, 그 당시 넓은 이마가 미인의 조건이어서 여성들 사이에서 눈썹을 뽑거나 미는 것이 유행이었다는 설 등 다양한 이야기들이 그림이 얽혀 있습니다.

너무나 유명한 그림이었기 때문일까요? 〈모나리자〉가 유명세를 톡

톡히 치른 사건이 하나 있습니다. 바로 루브르 박물관에 있던 〈모나리자〉가 1911년 8월 21일 마법처럼 사라져버린 사건입니다. 수사 과정에서 여러 사람이 용의자로 몰렸는데, 그중에는 시인 귀욤 아폴리네를 비롯하여, 20세기 최고의 화가라 칭송받는 파블로 피카소도 있었습니다. 그러나 경찰의 철저한 수사에도 범인의 흔적을 전혀 찾을 수 없었고, 사건은 점점 미궁 속으로 빠지게 됩니다.

그렇게 2년의 세월이 흘러 사람들의 기억에서 〈모나리자〉 도난 사건이 점점 잊힐 무렵, 이탈리아의 어느 한 갤러리 주인은 편지 한 통을 받게 됩니다. 〈모나리자〉를 팔고 싶다는 범인의 편지였죠. 갤러리 주인의 신고로 범인이 검거되었는데, 범인의 정체는 이탈리아 출신의 유리공 빈센트 페루지아였습니다. 그는 루브르 박물관 전시품의 보호액자를 만들었던 전력이 있는데, 이때 박물관에 드나들면서 〈모나리자〉를 훔치는 데 성공한 것이죠.

우여곡절 끝에 다시 루브르 박물관으로 돌아온 〈모나리자는〉는 현재 폭탄에도 견딜 수 있는 4cm의 방탄유리에 의해 안전하게 보호받고 있습니다.

생각
사냥꾼

Step 1
전체적인
목적 생각하기

+

Step 2
부분적인
목적 생각하기

+

Step 3
목적의 대상
생각하기

목적에 대해
다시 생각하기

생각 사냥꾼 생각루틴은 사물의 목적에 대해 생각해봄으로써 무심코 넘겼던 것들의 가치를 다시 한번 돌아보고 우리 주변에 창조적인 것들이 얼마나 많은지를 깨닫게 해주는 방법입니다.

대부분의 사람들은 어느 현상이나 물건에 익숙해지고 나면, 그것들이 가진 의미와 목적에 대해서 깊이 생각하지 않습니다. 사물의 의미와 가치를 이미 규정해놓고, 그 틀에서 벗어나 사물의 본질을 인식하려는 시도 자체를 하지 않는 것이죠. 이는 학령기 아이들 역시 마찬가지입니다.

하지만 사물의 목적에 대해 다시 생각해보는 것은 낡은 관념을 버리고 새로운 시각에서 대상을 바라보게 만드는 중요한 사고 활동입니다. '어떤 목적을 갖고, 어떻게 쓰이는지', '무슨 원리로 작용하는지', '어떠한 결과물을 낳았는지' 같은 궁금증을 통해 사물의 목적과 쓰임에 대해 곰곰이 생각해보는 활동은 아이의 창의성과 융합적 사고 능력을 키우는 데 중요한 토대가 됩니다.

창문, 핸드폰, 안경 등 일상 속 물건들을 가지고 '왜 만들어졌는지?', '누구를 위한 것인지?'와 같은 질문을 던지는 것으로 생각 사냥꾼 생각루틴을 간단하게 시작할 수 있습니다. 예를 하나 들어 볼까요? 같은 빨대라고 해도 뜨거운 음료를 마실 때의 빨대와 차가운 음료를 마실 때의 빨대가 서로 다릅니다. 두 가지 타입의 빨대를 비교해보며 물건의 목적과 쓰임에 대해 생각해볼 수 있습니다.

다음에 이어질 네바문 무덤 벽화 〈늪지의 새 사냥〉과 함께하는 '도대체 왜' 놀이를 통해 고대 이집트인들이 무덤 벽에 그림을 그린 까닭을 알아보고, 벽화를 통해 이루고자 했던 궁극적 목적에 대해서도 생각해보는 기회를 갖게 됩니다.

네바문 무덤 벽화 〈늪지의 새 사냥〉와 함께하는 생각놀이
도대체 왜

🔍 **부록: 작품 그림 6 참조**

작가 미상, 네바문 무덤 벽화 〈늪지의 새 사냥〉

놀이 목표

- 무덤 벽에 그림을 남긴 까닭을 알 수 있어요.
- 그림 속에 등장하는 사람, 사용하고 있는 도구, 행동의 목적에 대해 다양하게 해석해볼 수 있어요.
- 나만의 생각을 더해 그림을 고쳐볼 수 있어요.

1. 그림 관찰하기

그림을 천천히 관찰하면서 탐색해보는 단계입니다.

- 그림에 등장하는 사람들과 물건들을 모두 말해볼래?
- 그림 속 장면은 어떤 상황일까?
- 어느 시대에 그려진 그림 같니?

2. 전체적인 목적 추측하기

생각 사냥꾼 생각루틴이 본격적으로 펼쳐지는 단계입니다. 그림의 전체적인 목적을 추측할 수 있는 질문을 던져주세요.

- 이 그림을 어디에다 그렸을까? 종이일까, 천일까, 아니면 벽일까?
- 무슨 목적으로 여기다 그림을 그렸을까?
- 누구를 위해 그린 그림일까?

3. 부분적인 목적 추측하기

그림의 부분적인 목적에 대해 추측해보는 단계입니다. 그림에서 아이가 발견한 것이나 관심을 보이는 대상 위주로 질문을 던져주세요.

- 그림에서 가장 먼저 눈에 들어왔던 게 뭐였어?
- 눈에 띄었던 부분에서 새롭게 발견한 것이 있니?
- 이 물건은 무슨 이유로 그림 안에 있는 걸까?
- 그림 안에 사람들은 무슨 목적으로 배를 타고 있을까?
- 어떤 이유에서 사람들의 크기를 제각각 그렸을까?
- 물고기와 새가 왜 이렇게 많은 걸까?

4. 목적의 대상에 대해 추측하기

이전 단계에서 찾은 것들을 바탕으로 목적의 대상에 대해 생각해보는 단계입니다. 아이가 발견했거나 관심을 보이는 대상 위주로 질문을 던져주세요. 정해진 답이 있는 것이 아니므로 아이의 추측이 곧 정답이 됩니다. 작가의 의도나 주제와 동떨어져 있거나 상식적이지 못한 답변까지도 모두 수용해주는 태도가 중요합니다.

- 이 부분은 누구를 위한 것일까?
- 무엇을 위해 그린 그림일까?

5. 고쳐 그려보기

그림을 계속 탐색하면서 그림 속에 그려진 인물과 사물의 목적에 대해 생각하다 보면, 그림에서 수정하고 싶은 부분이나 변화를 주고 싶은 요소들이 생기게 됩니다. 이것을 다양한 미술 표현기법을 사용해 고쳐 그려봄으로써 원작과 차별화된 새로운 작품을 만들어낼 수 있습니다. 그림을 고칠 때는 가장 먼저 눈에 들어왔거나 흥미로웠던 부분 중 하나를 선택해 아이가 원하는 대로 수정해보게 합니다. 변화된 부분이나 고쳐 그린 목적이 드러나는 제목을 그림에 붙여주는 것으로 놀이를 마무리해주세요.

| 놀이 활동 사례 |

10세 여아, 〈우리 집 강아지가 좋아했던 꽃밭〉

7세 여아, 〈영원히 갖고 싶은 물건들〉

벽에 새긴
죽은 자의 소원

영혼불멸을 믿었던 고대 이집트인들은 육신을 신성한 혼이 깃드는 그릇으로 여겨 이를 온전하게 보관하기 위해 미라로 만들었습니다. 시체가 부패하는 것을 막는 최적의 무덤인 피라미드도 건설했죠.

이집트 테베에서 발견된 네바문의 무덤에서는 기원전 1350년경에 제작된 것으로 보이는 11개의 벽화가 출토되었습니다. 무덤의 주인공인 네바문은 밀밭과 곡식창고를 관리하던 이집트 고위 관료였다고 해요. 무덤의 벽면에는 농경, 사냥, 봉헌 등 그의 삶을 엿볼 수 있는 일상 속 장면들이 그려져 있습니다. 그중에서도 아내와 딸을 배에 싣고 사냥을 즐기는 네바문의 모습이 그려져 있는 〈늪지의 새 사냥〉은 뛰어난 예술성을 인정받은 벽화 중 하나입니다.

그림을 보면 사냥에 한창인 네바문의 오른편 뒤로 연꽃은 든 아내가 서 있고, 어린 딸은 네바문의 다리를 붙잡고 배 위에 앉아 있습니다. 그런데 그림 속 세 사람의 구도가 어쩐지 기묘해 보입니다. 세 사람 모두 한배에 타고 있는 게 분명한데, 크기가 이상할 정도로 차이가 납니다. 무슨 이유에서 일까요?

고대 이집트 시대에는 멀고 가까움을 표현하는 원근법이 존재하지 않았기 때문에 그림 속 인물의 크기는 실제 위치와는 무관했습니다. 중요한 인물을 크게 그리는 당시 이집트 미술의 관습에 따라 주인공인 네바문은 크게, 주변 인물인 아내와 딸은 작게 그려져 있는 것이죠.

　또한 고대 이집트인들은 주로 평화로운 일상의 모습이나 쾌락을 즐기는 모습을 벽화로 남겼습니다. 현실에서 누렸던 행복이 사후세계에서도 계속 이어지길 바라는 마음을 벽에 새긴 것이죠. 〈늪지의 새 사냥〉만 봐도 온갖 종류의 새와 물고기들이 지천으로 깔린 가운데 사냥을 즐기는 단란한 가족의 모습에서 네바문의 꿈꾸던 행복한 삶의 모습이 손에 잡힐 듯합니다.

창의적 질문

Step **1**		Step **2**		Step **3**
질문 만들기	+	마음껏 질문하기	+	창의적인 질문하기

질문이 가진
힘과 즐거움 깨닫기

창의적 질문 생각루틴은 새롭고 엉뚱한 질문을 만들어보는 활동을 통해 질문이 가지는 힘과 즐거움을 깨닫게 하는 방법입니다. 스스로 질문을 만들어보는 것은, 그 시도 자체만으로도 문제의 해결책을 찾아내는 것보다 더 의미 있는 사고 과정입니다.

하지만 대부분 정답이 정해져 있는 질문만을 주고받기 때문에 질문이 갖는 진짜 힘을 놓치고 있는 경우가 많습니다. 정해진 답이 아니면 모두 오답이 되는 상황에서는 질문을 받는 것도 질문을 하는 것도 아이에게는 모두 부담으로 다가옵니다. 아이가 질문이 주는 압박에서 벗어나 질문이 갖는 진짜 힘과 즐거움을 깨닫기 위해서는 답이 없는 질문, 혹은 답을 찾을 필요가 없는 질문을 만들어보는 경험이 필요합니다.

창의적 질문 생각루틴의 핵심 키워드는 바로 '질문'에 있습니다. 창의적인 질문을 만들어내는 것이 이 생각루틴의 최종 목표이며, 그 목표를 이루기 위한 과정도 '질문'을 통해 이루어집니다.

다음에 이어질 칸딘스키의 〈흰색 위에 II〉와 함께하는 '소리가 보여' 놀이를 통해 그림 속에 담겨 있는 화가의 궁금증을 읽어내고, 그것을 바탕으로 다양한 질문들을 만들어볼 수 있습니다. 칸딘스키가 눈에 보이지 않는 소리를 어떤 방식으로 표현했는지 탐색하면서 궁극적으로 아이가 질문하는 것 자체에 즐거움을 느낄 수 있도록 놀이를 이끌어가 주세요.

칸딘스키의 〈흰색 위에 II〉와 함께하는 생각놀이

소리가 보여

🔍 부록: 작품 그림 7 참조

바실리 칸딘스키, 〈흰색 위에 II〉

놀이 목표

• 즐겁고 엉뚱한 질문을 만들어보는 과정을 통해 창의적 사고 능력을 키울 수 있어요.

• 공감각적(청각의 시각화) 표현을 알고, 일상의 소리들을 나만의 방식으로 묘사할 수 있어요.

1. '소리' 탐색하기

그림을 감상하기에 앞서 아이가 '소리'에 대해 어떻게 느끼고 생각하는지를 알아보는 단계입니다.

- 지금 들리는 소리가 있니?
- 오늘 하루 동안 어떤 소리를 들었니?
- 친구나 엄마, 선생님께 들었던 소리 중에 기억나는 게 있니?
- 좋아하는 소리나 싫어하는 소리가 있니?

2. 그림 감상하기

아이에게 〈흰색 위에 II〉는 '소리'를 표현한 그림이라는 사실을 이야기해주세요. 화가가 어떤 소리를 듣고 이러한 그림을 그렸을지 상상해보며 그림을 감상하는 시간을 갖습니다.

- 그림을 보고 들었던 생각이 뭐야?
- 어떤 소리를 듣고 이런 그림을 그린 걸까?
- 오늘 하루 네가 들었던 소리 중에 이 그림과 어울리는 소리가 있을까?

3. 작가와 작품에 대해 알아보기

〈흰색 위에 II〉는 '과연 소리가 보일까?'라는 화가의 다소 엉뚱한 물음에서 시작된 그림입니다. 보이지 않은 소리를 시각적으로 구현한 칸딘스키의 표현 방식에 대해 살펴봅니다.

- 바실리 칸딘스키란 이름을 들어본 적 있니?
- 그림에서 보이는 점, 선, 도형들을 어떤 느낌이야?

- 화가가 표현하고자 한 건 뭘까?

- 화가가 전달하고 싶은 게 그림에서 잘 표현된 것 같니?

- 눈에 보이지 않는 것들을 그림으로 표현할 수 있을까?

4. 질문 만들기

창의적 질문 생각루틴이 본격적으로 펼쳐지는 단계로 소리와 관련된 질문들을 아이 스스로 만들어보는 시간입니다. 먼저 소리에 대해 가지고 있던 정보나 생각들을 공유해보세요. 그 내용을 기록하면서 소리에 관한 다양한 질문들을 만들어보게 합니다. 이때 질문의 내용이 반드시 소리에 한정될 필요는 없습니다. 그림이나 작가에 대한 질문이어도 좋고, 작품과 관련이 적은 질문이어도 상관없습니다.

이 단계에서는 아이가 아무리 웃기고, 이상하고, 더럽고, 괴기스러운 질문들 만들어도 화를 내거나 애매하게 흘려 넘기는 등의 부정적 반응을 보이지 않는 것이 중요합니다. 아이가 만든 질문에 "와! 생각지도 못한 질문인데?", "그래서 다음은 어떻게 되는데?"와 같이 긍정적 반응을 보이면, 아이들은 더 기발하고 매력적인 이야기를 만들어내게 됩니다. 만약 아이가 질문을 만드는 것 자체에 흥미를 느끼지 못하고 어려워한다면, 부모나 교사가 먼저 즐겁고 엉뚱한 질문을 던져 아이의 관심을 끌어내주세요.

• 소리에 대한 정보 환기하기

- 소리와 관련해 알고 있는 게 있니?

- 네가 들었던 소리 중에 가장 작은 소리, 가장 큰 소리는 뭐야?

- 피아노를 치거나 피리를 불었을 때 어떤 소리가 났지?

• 아이의 관심을 끌 만한 질문하기

- 왜 사람마다 목소리가 다를까?

- 소리에도 생김새가 있다면, 천둥소리는 어떤 모양일까?

- 소리에도 색깔이 있다면, 파도소리는 무슨 색깔일까?

- 물속에서도 소리가 들릴까?

- 화장실에서 노래를 부르면 왜 쩌렁쩌렁 울리지?

- 방귀소리는 왜 뀔 때마다 다르지?

- 귀신은 어떤 소리를 낼까?

- 귀가 없으면 소리를 전혀 듣지 못할까?

5. 자유롭게 표현하기

엉뚱하고 재밌는 질문을 통해 소리를 탐색해보고, 그 소리를 그림으로 자유롭게 표현해보는 시간입니다. 보이지 않는 소리를 그림으로 표현하기란 쉽지 않습니다. 아이의 자유로운 표현 활동에 도움이 되게 우리 주변에서 만날 수 있는 다양한 소리들을 아이에게 들려주세요.

이때 들려줄 수 있는 소리는 일상의 소음부터 클래식 음악까지 다양합니다. 악기 소리, 박수 소리, 비닐 구기는 소리, 종이 찢는 소리, 뛰는 소리, 빗소리 등 수많은 소리 가운데 아이가 관심을 보이는 소리를 선택해서 들려주시면 됩니다. 그뿐만 아니라 아이의 몸에서 나는 소리를 들어보게 하는 것도 좋습니다. 눈을 감고 소리에 집중해서 심장이 뛰는 소리, 위장이 꿀렁이는 소리를 들은 후 이들 소리에 관해 이야기해보거나 그림으로 표현해보는 활동을 추가로 진행해주세요.

6. 질문 리스트 만들기

이전 단계에서 완성한 그림을 가지고 아이 스스로 엉뚱한 질문을 만들어보는 단계입니다. 작품을 발표하는 시간을 간단히 가진 후 질문을 세개 이상 만들어보게 합니다. 만약 아이가 질문을 만드는 것에 부담을 느껴 주저한다면, 아이의 그림을 주제로 상상력을 자극할 수 있는 질문을 먼저 던져주시면 됩니다.

- 이 그림에서 이걸 이렇게 바꾸면 어떻게 될까?
- 이 그림을 소리로 바꾼다면 어떤 소리가 날까?
- 그림 속 이미지와 비슷한 음식은 뭘까?

| 놀이 활동 사례 |

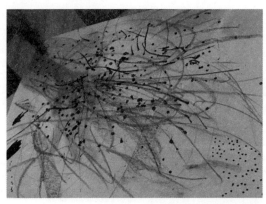

10세 여아, 〈지금 내가 듣고 있는 여러 소리들〉

보이지 않은
소리를 그림으로 표현한 칸딘스키

바실리 칸딘스키(Wassily Kandinsky, 1886~1944년)는 러시아 태생으로 현대 추상미술의 아버지로 불립니다. 사물의 일반적인 형태에 얽매이지 않고 내면의 감정을 선명한 색채와 기하학적 형태로 표현해 미술계에 순수 추상미술이라는 혁명을 일으켰죠.

러시아의 부유한 집안에서 자란 칸딘스키는 모스크바 대학교에서 법학과 경제학을 공부하던 중에 모네의 그림을 보고 감명을 받아 화가가 되기로 마음먹습니다. 늦은 나이에 독일로 건너가 본격적인 그림 공부를 시작한 그는 초창기에는 강렬한 색채의 풍경화나 러시아 민속화에서 영향을 받은 그림을 주로 그렸습니다.

그러던 어느 날, 칸딘스키는 화실에 놓인 한 장의 그림을 보고 경이로운 아름다움을 느낍니다. 사실 그 그림은 조수가 거꾸로 세워놓은 칸딘스키의 그림이었죠. 그림이 주는 기하학적 아름다움에 도취된 칸딘스키는 이를 계기로 점차 사실적인 사물의 형태를 버리고 점과 선, 면의 순수 조형요소와 색채를 강조한 추상미술의 세계에 빠져듭니다.

회화, 판화, 글쓰기 등 여러 분야에서 활발히 활동했던 칸딘스키는

1922년부터 1933년까지 12년 동안 베를린 바우하우스에서 학생들에게 회화와 예술이론을 가르쳤습니다. 1926년에는 자신의 조형이론을 정리한 책인 《점·선·면》을 출간하기도 하죠. 〈흰색 위에 II〉는 칸딘스키가 바우하우스에서 교수로 재직하던 시절에 그린 그림으로 그의 예술론이 반영된 기하학적 추상화입니다.

눈에 보이지 않은 소리를 재료로 쓰는 음악이야말로 가장 순수한 추상이라 생각한 칸딘스키는 그림을 그릴 때 자주 소리를 주제로 삼았습니다. 다양한 악기들이 모여 하나의 음악 작품을 만들어내는 오케스트라처럼 내면의 감정에 어울리는 조형과 색채를 선택해 하얀 캔버스 위에 배치한 것이죠.

"색채는 건반이고, 눈은 망치이며, 영혼은 현을 가진 피아노다. 예술가란 영혼의 울림을 만들어내기 위해 건반을 두들기는 손이다."라고 말한 칸딘스키. 〈흰색 위에 II〉에는 음악이 현실 속 소리를 재현하지 않더라도 듣는 사람들에게 감동을 주듯이 그림 역시 색채와 구도만으로도 보는 이에게 감동을 줄 수 있다고 여긴 칸딘스키의 생각이 담겨 있습니다.

생각루틴

8

보고,
생각하고,
궁금해

Step 1
시각적으로
대상을 인식하기

+

Step 2
대상에 대해
생각하기

+

Step 3
궁금한 점
질문하기

인식, 생각, 질문이 함께하는
사고력 키우기

보고, 생각하고, 궁금해 생각루틴은 아이가 대상을 인식하고 생각한 것을 바탕으로 궁금한 점을 스스로 찾아보는 활동을 통해 사고력을 신장시키는 방법입니다. 이때 대상을 인식하고, 대상에 대해 생각하고, 질문을 만들어보는 과정이 따로따로 진행되는 것이 아니라 동시에 이루어지는 것이 이 생각루틴이 가진 특징입니다.

앞 장에서 다뤘던 '창의적 질문 생각루틴'이 질문의 수준과는 상관없이 질문이 가진 힘과 즐거움을 깨닫게 하는 데 그 목적이 있었다면, '보고, 생각하고, 궁금해 생각루틴'은 그보다 고차원적인 질문을 만들어보는 데 목적을 두고 있습니다.

보고, 생각하고, 궁금해 생각루틴은 대상을 눈으로 자세히 관찰하는 것에서부터 시작됩니다. 예술 작품뿐만 아니라 이야기 속 등장인물, 자연물 등 다양한 사물들을 관찰의 대상으로 삼을 수 있습니다. 대상을 관찰한 후 아이에게 자신의 생각을 '저는 ○○을(를) 보았어요.' '저는 ○○을(를) 보고, ~라고 생각했어요.' '그렇게 생각하고 나니, 이제 …이(가) 궁금해요.'처럼 문장 형태로 정리해보게 합니다.

자신의 생각과 그렇게 생각한 이유를 문장으로 말해보는 훈련을 통해 아이는 눈으로 본 것과 생각한 것을 구별하는 능력을 키울 수 있습니다. 한 발 더 나아가 대상에 대해 새롭게 생겨난 궁금증을 질문으로 만들어보며 창의적 사고 능력도 신장시킬 수 있습니다.

다음에 이어질 반 고흐의 〈별이 빛나는 밤〉과 함께하는 '진짜로 움직이나' 놀이에서는 화가와 아이의 생각을 비교하고, 그 비교 과정에서 생겨난 궁금한 점을 질문으로 만들어보는 활동이 펼쳐집니다. 생각놀이를 통해 〈별이 빛나는 밤〉을 '움직임'이라는 관점에서 탐색해보며 그림을 새로운 시각에서 해석해보는 경험을 갖게 해주세요.

반 고흐의 〈별이 빛나는 밤〉과 함께하는 생각놀이

진짜로 움직이나

🔍 부록: 작품 그림 8 참조

빈센트 반 고흐, 〈별이 빛나는 밤〉

놀이 목표

• 보고, 생각한 것을 정리하는 과정에서 생긴 궁금한 점을 질문으로 만들
어볼 수 있어요.

• '움직임'이라는 관점에서 그림을 새롭게 해석해볼 수 있어요.

1. 생각루틴을 적용해 그림 감상하기

보고, 생각하고, 궁금해 생각루틴을 적용해 그림을 감상해보는 단계입니다. 아이에게 작품을 탐색할 수 있는 시간을 충분히 제공해주세요.

• 보기(See)

   - 그림에서 무엇이 보여?

   - 하늘에 달과 별 말고 또 보이는 게 있니?

• 생각하기(Think)

   - 그림을 보니 어떤 생각이 들어?

   - 그림을 보고 머릿속에 떠오른 단어가 있니?

2. 작가와 작품에 대해 알아보기

고흐와 〈별이 빛나는 밤〉에 대해 알아보는 단계입니다. 배경지식 없이 그림을 접하고 감상했을 때와 작가와 작품에 대한 정보를 알고 난 후 그림을 감상했을 때, 달라지는 느낌이나 생각들을 비교해볼 수 있습니다.

   - 빈센트 반 고흐란 이름을 들어본 적 있니?

   - 고흐가 그린 그림들을 본 적이 있니?

   - 평소 네가 알고 있던 밤하늘과 어떤 점이 다르니?

   - 고흐는 밤하늘을 왜 이렇게 표현했을까?

3. 새로운 관점에서 그림 다시 감상하기

〈별이 빛나는 밤〉을 '움직임'의 관점에서 다시 감상해보는 시간입니다. 신체를 이용해 움직임을 표현해봐도 좋고, 도화지에 자유롭게 낙서를 하며 움직임을 이해하는 것도 좋습니다. 아이가 오감을 동원해 '움직임'에 초점을 두고 그림을 감상할 수 있도록 적절한 질문을 던져주세요.

- 하늘이 가만히 있는 것 같아?
- 밤하늘에 떠 있는 달과 별은 어때 보여?
- 하늘에 바람이 불고 있는 걸까?
- 하늘에 부는 바람 소리는 어떨까?
- 그림 속 하늘을 만질 수 있다면 어떤 느낌이 날까?
- 그림 속 밤하늘을 날아가는 새는 어떻게 날고 있을까?
- 그림에 있는 나무에서는 무슨 냄새가 날까?
- 그림을 그린 날 날씨는 어땠을까?
- 그림 속 마을 분위기는 어때 보여?

4. 궁금한 점을 찾아 질문하기

아이가 자발적으로 궁금한 점을 질문으로 만들어보는 단계입니다. 질문을 다섯 개 이상 만들어 목록으로 작성해보게 합니다. 이때 질문은 반드시 '누구'에게 '무엇'이 궁금한지를 묻는 형식에 따르게 해주세요.

- 화가에게, "왜 움직임을 선으로 표현하고 싶었나요?"
- 마을 사람들에게, "밤하늘이 저런데 무섭지는 않나요?"
- 별에게, "우주에서도 그림처럼 환하게 빛나나요?"

5. 자유롭게 표현하기

보고, 생각하고, 궁금해 생각루틴이 적용된 놀이는 이전 단계까지의 활동만으로 충분합니다. 더 확장된 활동을 원할 경우 '움직임을 선으로 표현하는 미술놀이'를 추가로 진행해주세요.

🧩 움직임을 선으로 표현하는 미술놀이

- **준비물:** OHP 필름, 유성 매직 또는 네임펜,
  대상의 움직임이 잘 드러나는 사진
- **놀이 방법**
  ① 사진을 관찰하면서 대상의 움직임을 상상해봅니다. 그리고 상상한 움직임을 머릿속에서 다양한 선으로 표현해봅니다.
  ② 머릿속에 떠올린 선을 OHP 필름 위에 매직이나 네임펜으로 그려봅니다.

| 놀이 활동 사례 |

6세 여아, 〈에디슨의 축음기에서 들리는 소리의 움직임〉

밤하늘을 사랑해
밤하늘의 별이 된 고흐

세계에서 가장 유명한 미술가 중 하나이자 우리나라 사람이 가장 사랑하는 화가인 빈센트 반 고흐(Vincent van Gogh, 1853~1890년)는 사실, 평생 단 한 점의 그림밖에 팔지 못했던 비운의 화가였습니다. 사실적인 묘사가 돋보이는 그림을 선호했던 그 당시 대중들에게 고흐의 그림은 구불거리고 정신없는 이상한 그림에 불과했던 탓이죠.

대중들이 외면한 그림을 인정해주고 평생 고흐를 지지한 후원자가 한 명 있었는데, 그가 바로 고흐의 동생인 테오 반 고흐입니다. 고흐는 살아생전 테오와 900통이 넘는 편지를 주고받으며 일상의 이야기를 비롯해 예술에 대한 고민과 괴로움 등을 솔직히 털어놓았습니다.

예술에 대한 강한 열정을 품고 있었던 고흐는 자신의 그림이 사람들에게 인정받지 못하는 것을 괴로워하며 정신병을 앓았습니다. 병이 깊어진 고흐는 고갱과 다툰 뒤 발작을 일으켜 자신의 귀를 자르기까지 하죠. 이 사건으로 자신의 병을 인정하게 된 고흐는 생레미 정신병원에 입원을 하게 됩니다. 고흐는 병원에 머물면서도 작품 활동을 계속 이어나가는데, 그의 대표작 중 하나인 〈별이 빛나는 밤〉도 이 시기에 그려진 작품입니다.

　밤하늘을 좋아했던 고흐는 〈아를의 별이 빛나는 밤〉, 〈밤의 카페 테라스〉 등 밤하늘을 소재로 한 그림을 많이 그렸습니다. 그중에서도 〈별이 빛나는 밤〉은 짙은 푸른색과 노란색의 강렬한 색채 대비와 함께 강렬한 붓 터치를 이용해 소용돌이치는 듯한 밤하늘의 움직임을 극적으로 표현하고 있죠.

　고흐가 테오에게 보낸 편지의 한 구절을 보면 밤하늘에 대한 고흐의 사랑과 갈망을 엿볼 수 있습니다. "별을 그려서 희망을 표현하는 일, 석양을 통해 누군가의 열정을 표현하는 일, 이런 것은 결코 눈속임이라고 할 수 없어. 실제로 존재하는 것을 표현하는 것이니까. 그런데 언제쯤 그릴 수 있을까? 늘 마음속으로 생각하는 별이 빛나는 하늘을."

창의적
비교

Step **1**		Step **2**		Step **3**
정보를 수집·분류하기	+	구체적인 가설 세우기	+	가설들을 비교해 최선안 선택하기

창의적으로 비교하는
사고력 키우기

창의적 비교 생각루틴은 주어진 정보를 바탕으로 가설을 구체적으로 설계하고, 그 가설들의 대안을 비교하는 과정을 통해 창의적 사고 능력을 신장시키는 방법입니다.

이 생각루틴에서는 이미 무언가가 정해진 상황에서 '만약 이게 아니라면?'이라는 물음을 던져 구체적인 가설을 세우게 합니다. 그리고 그 가설에 따른 대안들을 비교해 최선의 방안을 찾아내는 활동을 통해 창의적 · 합리적 사고 능력을 함양할 수 있습니다.

창의적 비교 생각루틴은 '만약 이게 아니라면?' 이라는 간단한 질문을 통해 시작되기 때문에 생활 속 다양한 상황에서 활용할 수 있다는 장점이 있습니다. 하지만 생각하는 힘이 부족한 아이들, 즉 생각하는 연습이 부족한 아이들에게 구체적인 가설을 세우는 것은 만만치 않은 일입니다. 가설을 설정하는 데 어려움을 호소하는 아이의 경우, 일정한 범주를 정한 다음 그 범주 안에서 가설을 세워보게 하는 것이 좋습니다. 예를 들어 '이것은 어디에 포함되는 걸까? 만약 이것이 다른 카테고리 안에 들어가면 어떻게 될까?'라는 식의 가정을 통해 가설을 설계하도록 안내해주면 됩니다.

다음에 이어질 밀레의 〈씨 뿌리는 사람〉과 함께하는 '만약 이게 아니라면' 놀이에서는 그림과 관련한 정보를 수집해 구체적인 가설을 세우고, 창의적인 대안을 마련해보는 경험을 하게 됩니다. 다양한 대안들이 나올 수 있도록 그림 속 등장인물과 같은 상황에 처해 있다는 가정하에 놀이를 진행해주세요.

밀레의 〈씨 뿌리는 사람〉과 함께하는
'만약 이게 아니라면'

🔍 부록: 작품 그림 9 참조

장 프랑수아 밀레, 〈씨 뿌리는 사람〉

놀이 목표

- 수집한 정보를 바탕으로 겉으로 드러나지 않은 은유적 이야기를 짐작해볼 수 있어요.
- 주어진 정보를 바탕으로 구체적인 가설을 세우고, 다양한 대안들을 제시해볼 수 있어요.

1. 그림 탐색하기

그림을 탐색하면서 필요한 정보의 단서들을 얻을 수 있습니다.

- 그림에서 뭐가 보이니?
- 그림 속 인물의 직업은 뭘까?
- 그림에서 느껴지는 분위기는 어때?

2. 정보 수집하기

그림에서 얻은 단서와 관련해 아이가 갖고 있는 정보가 얼마나 있는지 알아보는 단계입니다.

- 농부가 무슨 일을 하는지 아니?
- 씨를 언제, 어떻게 뿌리는지 알고 있니?
- 바닷가나 사막에서도 농사를 지을 수 있을까?

3. 작가와 작품에 대해 알아보기

그림에 대해 보다 다양한 정보를 수집하기 위해서 작가와 작품에 대해 알아보는 단계입니다.

- 밀레라는 화가를 알고 있니?
- 밀레가 그린 다른 그림을 본 적이 있니?
- 왜 농부를 모델로 그림을 그렸을까?
- 그림 속 농부는 자기 땅에서 농사를 짓고 있는 걸까?
- 무슨 씨를 뿌리고 있는 걸까?
- 농부가 씨를 뿌리고 있는 땅은 어디에 있는 걸까?

4. 정보 분류하기

수집한 정보를 일정한 기준에 따라 분류해보는 단계입니다. 어떠한 기준으로 정보를 종류별로 나눠야 하는지 알 수 없다면, 다음에 소개하는 '분류 예시'를 참고하여 정보를 분류해주세요.

[분류 예시]

사람에 대한 정보	씨앗에 대한 정보	주변 환경에 대한 정보
옷차림을 봐서는 땅주인은 아닌 것 같아. ⋮		

5. 가설 세우기

수집 · 분류한 정보를 바탕으로 '만약 이게 아니라면?'이라는 질문을 통해 구체적인 가설을 세워보는 단계입니다.

- 내가 땅주인이 아니라면 무슨 씨앗을 뿌릴까?
- 가방 안에 있는 게 씨앗이 아니라면 어떤 일이 벌어질까?
- 봄가을이 아니라 한겨울이라면 어떻게 할까?
- 오랫동안 비가 오지 않는다면 어떻게 할까?
- 일할 때 힘들지 않으려면 어떻게 해야 할까?
- 평야가 아니라 바닷가라면 어떻게 해야 할까?

6. 대안 마련하기

설계한 가설에 대한 대안을 마련해보는 단계입니다. 그림 속 인물이 '나'라고 가정한 후 놀이를 하다 보면 보다 다양한 대안들을 마련할 수 있습니다.

- 내가 땅주인이 아니라면 (배불리 먹을 수 있는 감자 씨앗을 심을래. / 예쁜 꽃이 피는 꽃씨를 심을래.)
- 씨앗 대신 (개미를 뿌리면 개미왕국을 만들 수 있겠어. / 벌레를 뿌리면 곤충 먹이로 쓸 수 있어.)
- 한겨울에는 (비닐하우스 안에서 식물을 기르면 돼. / 집에서 콩나물을 기르면 돼.)
- 비가 오지 않으면 (물을 길어다 부어볼래. / 수로를 만들어 물을 끌어오면 돼.)
- 덜 피곤하고 즐겁게 일하려면 (농기계를 써서 씨앗을 뿌리면 돼. / 노래를 부르면서 일하면 돼.)
- 바닷가라면 (식물이 잘 자랄 수 있는 땅을 골라야 해. / 바닷바람을 막아줄 돌담을 쌓자.)

7. 최선안 선택하기

여러 가지 대안들을 비교해보는 단계입니다. 각 대안들의 장단점 및 실현 가능성, 효율성 등을 따져보고 아이 나름대로 최선의 방법을 고르게 합니다.

8. 자유롭게 표현하기

앞에서 세운 가설과 대안을 그림으로 자유롭게 표현해보는 시간입니다. 가설과 대안은 구체적일수록 좋지만, 이를 표현하는 방식에 있어서는 제한을 두지 말고 다양한 표현 방법을 써서 마음껏 표현하게 해주세요. 수수깡, 고무찰흙, 색모래 등 여러 가지 입체 재료를 사용해도 좋습니다. 단, 자신의 그림을 말로 설명할 기회를 꼭 제공해줘야 합니다.

5세 여아, 〈행복의 씨앗이 뿌려진 초원〉

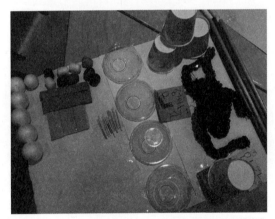

6세 남아, 〈여기가 성이라면〉

소외된 자들을 모델로 삼아
노동의 숭고함을 그려낸 밀레

프랑스의 사실주의 화가 장 프랑수아 밀레(Jean Francois Millet, 1814~1875년)가 그린 〈씨 뿌리는 사람〉을 보면 농사일을 하는 거친 농부의 모습이 잘 표현되어 있습니다. 한 사람이 화면을 가득 채우고 있는 터라 그림 속 모델이 굉장히 유명한 사람일 것 같은 착각이 들지만, 사실 이 농부가 누구인지는 아무도 모릅니다. 왜냐하면 그림 속 인물은 위인도, 유명인도 아닌 바르비종 지방에 살았던 평범한 농부이기 때문이죠.

사실주의 미술이 등장하기 이전, 그림 속 주인공은 대개 신화 속 인물이나 역사적 영웅, 혹은 상류층 사람들이었습니다. 간혹 농부나 하층민 사람들이 그림에 등장할 때도 있지만, 배경으로 작게 그려지거나 어리석은 사람으로 묘사되는 게 대부분이었습니다. 그러나 밀레는 주변에서 흔히 볼 수 있는 인물들을 주인공으로 삼아 그네들의 고단한 삶을 사실적으로 그려냈습니다.

밀레의 또 다른 대표작 〈이삭 줍는 여인들〉 역시 가난하고 소외된 사람들을 주인공으로 합니다. 보리 추수에서 일거리를 구하지 못하고, 하나의 이삭이라도 더 줍기 위해 허리를 펴지 못하는 여인들의 고된 삶이 황금빛으로 물든 드넓은 밭과 대조되어 더 극명하게 드러나 있습니다.

〈씨 뿌리는 사람〉은 당시 미술계에서 상반된 평가를 받았습니다. 진보적 비평가들은 노동을 사실적으로 표현한 수작으로 평가한 것에 반해, 보수적 비평가들은 거친 농부의 모습에 불편함을 느끼며 밀레를 혁명을 선동하는 사회주의자라고 비난했죠.

그러나 밀레는 정치적인 문제에는 관심이 없었습니다. "내가 그리려고 한 것은 노동이다. 모든 인간은 몸을 움직여 수고하도록 태어났고, 사람들은 자신의 이마에 흐르는 땀의 대가로 살아가야 한다. 이것이 인간의 운명이고 삶이다."라고 말한 밀레의 발언에서도 알 수 있듯이 그는 노동의 숭고한 가치를 화폭에 담아내려 애쓴 화가였습니다.

생각루틴

10

부분과
전체

Step 1
부분과 전체
살펴보기

+

Step 2
목적에 대해
생각하기

+

Step 3
복잡한 특성
이해하기

부분과 전체를 동시에
생각하는 힘 기르기

부분과 전체 생각루틴은 나무와 숲을 함께 보는 능력, 즉 부분과 전체를 동시에 생각하는 힘을 기르기 위한 방법입니다. 계획을 세우거나 프로젝트를 기획할 때 세부적인 요소를 고려하면서 전체적인 목표를 설정하려면 부분과 전체를 동시에 살필 줄 아는 능력, 즉 통찰력이 요구됩니다.

사물이나 현상을 꿰뚫어보는 능력을 기르기 위한 방법으로 하버드 연구팀 프로젝트 제로는 '부분과 전체 살펴보기', '목적에 대해 생각하기', '복잡한 특성 이해하기'라는 세 단계 사고 과정을 제시하고 있습니다. '하늘'을 예로 들어 세 단계 사고 과정을 설명하면 다음과 같습니다.

• '하늘'을 주제로 한 세 단계 사고 과정
  – 부분과 전체 살펴보기: 구름과 하늘의 모습을 살펴보기
  – 목적에 대해 생각하기: 하늘에서 무슨 일을 할 수 있는지 생각해보기
  – 복잡한 특성 이해하기: 고층 빌딩으로 복잡한 도시의 하늘을 비행기가 잘 날 수 있는 이유를 알아보기

부분과 전체 생각루틴의 핵심이 되는 세 단계 사고 과정을 활성화하기 위해서는 최대한 많은 양의 질문들이 필요합니다. 아이가 말한 내용의 사실 여부나 실현 가능성을 따질 필요는 없으므로 말이 안 되고, 두서없는 마구잡이식 질문이라도 가능한 한 많은 질문들을 아이에게 제공해주는 것이 중요합니다.

다음에 이어질 몬드리안의 〈방파제와 바다〉와 함께하는 '선으로 바라보는 세상' 놀이에서는 점(spot)과 선(line)이라는 기본 조형요소를 사용해 작가가 대상을 표현한 방식에 대해 아이와 자유롭게 이야기를 나눠보는 시간을 갖게 됩니다. 부분과 전체를 고려하면서 그림이 갖는 특성을 이해할 수 있도록 놀이를 이끌어나가 주세요.

몬드리안의 〈방파제와 바다〉와 함께하는 생각놀이
선으로 바라보는 세상

🔍 부록: 작품 그림 10 참조

피트 몬드리안, 〈방파제와 바다〉

놀이 목표

• 점과 선이라는 기본 조형요소를 통해 다른 관점에서 대상을 살펴볼 수 있어요.
• 부분과 전체를 고려해 주어진 대상을 나만의 방식으로 새롭게 생각해 볼 수 있어요.

1. '점spot'과 '선line' 인식하기

점과 선을 인식하는 것에서부터 놀이가 시작됩니다. 우리 주변에 얼마나 많은 점과 선이 있는지 아이와 함께 찾아보면서 평소 무심코 지나쳤던 점과 선에 주의를 기울이게 해주세요. 주위에서 찾은 선들을 따라 그려보면서 세상에는 셀 수 없이 많은 형태의 선이 존재하고 있다는 사실을 깨닫게 됩니다.

- 얼굴에 있는 점은 몇 개니?
- 손바닥에는 어떤 모양의 선이 있니?
- 점으로만 그림을 그릴 수 있을까?
- 책상의 나뭇결은 어떻게 생겼어?
- 세로로 그은 선, 가로로 그은 선, 비스듬히 그은 선, 구불구불한 선을 보면 어떤 느낌이 들어?

2. 부분과 전체 생각루틴을 통해 작품 탐색하기

아이에게 그림을 관찰할 수 있는 충분한 시간을 제공해줍니다. 그다음 부분과 전체 생각루틴의 세 단계 사고 과정에 따라 그림을 살펴볼 수 있도록 각 단계에 해당하는 질문들을 던져주세요.

• 부분과 전체 살펴보기

- 눈에 가장 먼저 들어오는 부분은 뭐니?
- 그림 속 선들이 모두 같은 모양이니?
- 부분적으로 무엇을 그린 것 같니?

– 전체적으로 무엇을 그린 것 같니?

• 목적에 대해 생각하기

– 누구를 위해 이런 그림을 그린 걸까?

– 왜 이런 식으로 그림을 그렸을까?

• 복잡한 특성 이해하기

– 그림이 간단해 보이니? 복잡해 보이니?

– 복잡해 보인다면, 어떤 부분이 복잡해 보이니?

– 선들이 복잡하게 얽혀 있는 이유가 뭘까?

3. 자유롭게 이야기 나누기

〈방파제와 바다〉라는 작품명에서 알 수 있듯이 이 그림은 몬드리안이 바다에 있는 방파제를 보고 그린 그림입니다. 수직선과 수평선을 이용해 방파제를 표현한 몬드리안의 그림과 실제 방파제 사진을 함께 보면서 아이와 다양한 이야기를 나눠보세요.

실제 방파제 사진

4. 점과 선을 이용해 추상적으로 표현하기

점과 선을 이용해 그림을 그려보며 추상적인 표현에 도전해보는 시간
입니다. 먼저 점과 선, 면의 조형요소가 갖고 있는 특징을 아이가 쉽게
이해할 수 있도록 다음 자료를 제공해주세요.

기본 조형요소에 대해 어느 정도 이해했다면 점과 선만을 이용해 그림
을 그려보게 합니다. 무엇을 그려야 할지 몰라 망설이는 아이의 경우
몬드리안의 그림을 재해석하거나, 주변 사물에서 발견한 점과 선을 이
용하는 방법으로 아이의 추상적 표현 활동을 도와주세요.

[점, 선, 면 조형요소 자료]

125

6세 여아, 〈막대기 악어〉

7세 남아, 〈글자도 숫자도 모두 선이에요〉

연속된 플러스와 마이너스로
바다를 본 몬드리안

네덜란드 출신의 화가 피트 몬드리안(Piet Mondrian, 1872~1944년)은 칸딘스키와 함께 추상미술의 선구자로 불립니다. 선명한 색채와 자유로운 형태로 내면의 감정을 표현한 칸딘스키의 작품을 '뜨거운 추상'이라고 하는 반면, 절제된 색채와 선을 이용해 기하학적 질서를 강조한 몬드리안의 작품을 '차가운 추상'이라고 한답니다.

원래 몬드리안은 자연주의 화풍의 풍경화와 정물화를 주로 그렸습니다. 그러던 어느 날 입체파 그림을 접하면서 큰 충격을 받고 작품 세계가 크게 변하게 됩니다. 이때부터 몬드리안은 구체적인 형태를 버리고, 점차 단순한 형태의 그림을 그리게 되죠.

특히 몬드리안의 나무 연작(〈붉은 나무〉 1908, 〈회색 나무〉 1911, 〈꽃이 핀 사과나무〉 1912)을 보면 그의 작품이 구상에서 추상으로 넘어가는 과정이 확연히 드러납니다. 구체적인 나무의 형태가 점점 단순화되어 가더니 마지막 그림에서는 무채색과 수직·수평을 이루는 선만 남아 있습니다.

〈방파제와 바다〉는 몬드리안의 그림이 구상에서 추상으로 변화하는 과도기적 작품입니다. 그는 이 작품에서 의도적으로 바다와 방파제라는 구체적인 대상을 절제된 선으로만 표현하고 있죠. 그림 〈방파제와 바다〉에는 대상은 환상에 불과하며, 본질은 대상 뒤에 숨어 있어 눈에 보이지 않지만 변하지 않는 실재에 있다고 여긴 몬드리안의 생각이 담겨 있습니다.

생각루틴

11

원래는
이건데

Step 1   **Step 2**

고정관념 깨기   **+**   유연하게 사고하기

치우친
생각의 틀에서 벗어나기

원래는 이건데 생각루틴은 고정관념이나 편협한 생각에서 벗어나 유연하게 사고하기 위해 고안된 방법입니다. 고정화된 생각의 틀에서 벗어나 다양한 시각에서 자유롭게 생각을 하다 보면 생각지도 못했던 새로운 것들을 발견할 수 있게 됩니다.

세상에 절대적인 것은 없습니다. 우리가 이미 알고 있는 사물이나 사건도 사람에 따라 다른 의미로 해석될 수 있고, 시간이 흐른 후 지금과는 전혀 다른 방향으로 받아들일 수도 있습니다. 따라서 어떠한 대상이나 상황을 당연하다고 여기지 말고 관점을 달리해 생각해보는 자세가 필요합니다.

특정 주제에 대해 생각해보게 한 후, 생각이 '어떻게', '왜' 변화되었는지 아이에게 질문해보세요. 이때 주제는 평등, 진실, 자유와 같은 추상적인 개념이어도 좋고, 아이가 공부하는 분야와 관련된 것이어도 좋습니다. 다음에 소개하는 대화 형식을 사용해 아이가 자신의 변화된 생각을 문장 형태로 완성하도록 도와주세요. 변화된 생각을 문장 형태로 정리해보는 과정을 통해 추론 능력은 물론이고 인과관계를 파악하는 능력도 기를 수 있습니다.

부모(교사): 이 주제에 대해 공부하고 나서 너의 생각이 어떻게 달라졌니?

아이: 나는 그동안 ~라고 생각해 왔었어요.

  그런데 지금은 …라고 생각해요.

 다음에 이어질 칸딘스키의 〈푸른 하늘〉과 함께하는 '생각으로 놀자' 놀이에서는 '상상 관찰일지'를 써보고 그림을 재구성하는 활동을 통해 유연하게 사고하는 방법을 체득할 수 있습니다. 창의적 사고 활동을 방해하는 편견과 고정관념을 깨고, 다양한 관점에서 대상을 살펴보는 힘을 키우기 위해서는 반복된 사고 훈련이 필요하다는 사실을 기억해두세요.

칸딘스키의 〈푸른 하늘〉과 함께하는 생각놀이
생각으로 놀자

🔍 **부록: 작품 그림 11 참조**

바실리 칸딘스키, 〈푸른 하늘〉

놀이 목표

• 생각이 변화하는 과정을 정리할 수 있어요.

• 한 방향으로만 생각하는 습관을 버리고 유연하게 사고할 수 있어요.

1. 그림 감상하기

놀이의 시작 단계로 그림을 자유롭게 감상해보는 시간입니다. 그림에 대한 아무런 정보 없이 순수하게 그림을 감상하게 해주세요.

- 그림을 보니까 어떤 생각이 들어?
- 신기하거나 이상한 부분이 있니?
- 무엇을 그린 그림 같니?

2. '상상 관찰일지' 작성하기

그림을 보고 상상 관찰일지를 작성해보는 단계입니다. 아이에게 그림에서 특정 대상을 선택해 상상 관찰일지를 써보게 해주세요. 관찰일지를 쓸 때는 '누가, 언제, 어떻게, 어디서, 무엇을, 왜'라는 육하원칙에 맞춰 작성하게 합니다.

3. 작가와 작품에 대해 알아보기

본격적으로 작가와 작품에 대해 탐색하기 전에, 먼저 〈푸른 하늘〉은 칸딘스키의 꿈에 나왔던 미생물을 그린 그림이라는 이야기를 아이에게 들려주세요. 그림에 대한 간단한 소개가 끝나면 '꿈'과 '미생물'에 초점을 맞춰 작가와 작품에 대해 깊이 있는 탐색이 이루어지도록 다양한 질문을 제공해줍니다.

만약 미생물이라는 단어가 생소한 아이라면 원래는 이건데 생각루틴을 활용해 단어의 의미를 파악해볼 수 있습니다. '미생물이라는 단어는 무슨 뜻일까?', '미생물은 어디에서 볼 수 있을까?' 같은 질문을 던진 후 아이의 답을 얻어내세요. 그런 다음 아이에게 실제 미생물에 대한 정보를 제공해줍니다. 미생물에 대한 정보를 얻고 난 후 든 생각이 처음 한 생각과 어떻게 달라졌는지 이야기를 나눠보며 변화된 생각의 흐름을 아이가 스스로 깨닫게 해주세요.

- 네가 꾸었던 꿈에서 이것과 비슷한 것을 본 적이 있니?
- 미생물이란 뭘까? 미생물을 본 적 있니?
- 그림을 처음 봤을 때 들었던 생각과 미생물을 그린 그림이라는 걸 알고 난 뒤에 그림을 봤을 때 느낌이나 생각이 달라진 게 있니?

4. 그림 재구성하기

'상상 관찰일지'에서 관찰한 부분을 재구성해보는 시간입니다. 먼저 관찰 대상을 그림에서 오려서 도화지에 붙이게 합니다. 그리고 나서 크레파스, 물감, 색연필 등 다양한 도구를 사용해 그림에서 오려낸 부분을 고쳐 그려보게 합니다. 놀이 활동이 끝나면 재창작한 그림을 소개하는 시간을 갖습니다. 이때 원작과 재구성한 그림을 비교하며 달라진 부분에 대한 설명이 반드시 들어가게 해주세요.

5. 반복적으로 훈련하기

고정된 생각에서 벗어나 유연하게 사고하기 위해서는 반복적인 훈련이 필요합니다. 한쪽으로만 생각하던 것을 엉뚱한 방향에서 생각해보거나 정반대로 생각해보는 연습을 통해 자유롭게 생각하는 힘을 기르게 해주세요. 유연한 사고 능력을 습득하기 위한 훈련을 할 때 다음에 소개하는 활동들을 추가적으로 진행하면 좋습니다.

- 영화 〈하늘에서 음식이 내린다면〉을 보고 이야기 나눠보기

- 크리스토프 니만(Christoph Neimann)의 일러스트 작품을 감상하고 이야기 나눠보기
- 일본 아모리 현의 합격사과 이야기를 들려주고 함께 이야기해보기

| **놀이 활동 사례** |

8세 여아, 〈미생물의 모험〉

현미경으로 본 미생물에서
추상적 형태를 발견한 칸딘스키

바실리 칸딘스키(Wassily Kandinsky, 1866~1944년)는 1933년 나치의 탄압으로 교수로 몸담고 있던 바우하우스가 폐쇄되자 프랑스 파리로 건너갑니다. 당시 파리는 전자현미경을 비롯한 광학기기의 발명으로 자연을 바라보는 시선에 일대 변화가 일어나고 있었던 때였습니다. 이전까지는 눈으로 보는 세계가 전부였다면 현미경을 통해서 사물의 근원적인 형태까지도 관찰할 수 있게 된 것이죠.

현미경 렌즈 너머로 생물의 세포를 관찰하면서 미시세계와 만나게 된 칸딘스키는 미생물이 가진 추상적 형태에 주목합니다. 우리 눈에 보이는 자연은 다양한 모양과 색채를 갖고 있지만, 그 근원을 파헤쳐 보면 점과 선, 면 같은 기본 조형요소들로 구성되어 있다는 사실을 눈으로 확인한 것입니다.

이때부터 칸딘스키의 그림은 추상성이 한층 심화되고 형태도 더 단순해집니다. 1940년에 완성한 〈푸른 하늘〉은 칸딘스키의 이러한 변화가 잘 드러나는 작품으로, 특유의 색채와 표현기법을 사용해 미생물의 모습을 표현하고 있습니다. 거북이나 새, 해파리, 해마, 지렁이처럼 보이는 형상들이 중력의 영향을 받지 않고 푸른 하늘을 자유롭게 떠다니는 모습에서 왠지 모를 평화로움과 순수함이 동시에 느껴집니다.

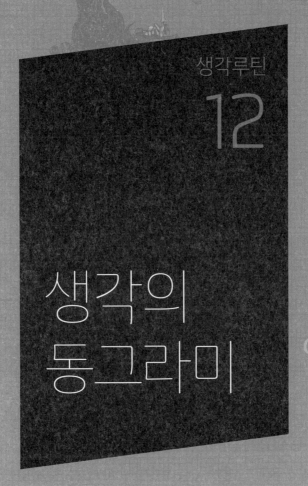

생각루틴

12

생각의
동그라미

Step 1 + **Step 2** + **Step 3**

다양한 관점에서   생각 정리하기   궁금한 점을
생각하기   찾아 질문하기

다양한 관점에서
폭넓게 생각하기

생각의 동그라미 생각루틴은 하나의 대상을 다양한 관점에서 폭넓게 생각해보기 위해 고안된 방법입니다. 이 생각루틴에는 대상을 다양한 관점에서 생각해보고, 그 생각들을 정리하는 과정에서 생긴 의문점을 질문으로 만들어보는 과정이 포함되어 있습니다.

하나의 대상이라도 시공간, 영향력, 관련성 등에 따라 사물이 갖는 의미가 달라집니다. 예를 들어 책상 위에 있는 오늘 자 신문은 새 소식을 알려주는 물건이지만, 불판 아래에 깔린 오래된 신문은 기름이 튀는 것을 막아주는 깔개가 됩니다. 이렇게 하나의 대상을 다양한 관점에서 달리 생각해보는 활동을 통해 대상이 갖는 새로운 특징을 발견할 수 있습니다.

생각의 동그라미 생각루틴을 활용해 다양한 관점에서 폭넓게 사고하는 능력을 신장시키기 위해서는 다음과 같은 기본적인 질문들을 통해 여러 각도에서 생각해보는 연습이 필요합니다.

• 생각의 동그라미 생각루틴 기본 질문

　- 만약 다른 공간에 있거나 다른 시간대에 있다면 이것은 어떻게 보일까?

- 이것은 어떤 사람의 영향을 받았을까?
- 어떤 사람이 이것과 관련되어 있을까?

다음에 이어질 여섯 개의 사과와 함께하는 '모두가 달라' 놀이에서는 사과라는 하나의 공통된 대상에 얽힌 여섯 가지 이야기를 통해 대상이 갖는 각기 다른 의미들을 되짚어볼 수 있습니다. 다수의 작품이 등장하는 '모두가 달라' 생각놀이를 진행할 때는 모든 작품을 동시에 다루지 않아도 좋습니다. 아이의 상황과 성향을 고려해 놀이에 사용할 작품의 개수와 순서를 적절하게 조절해주세요.

여섯 개의 사과와 함께하는 생각놀이

모두가 달라

🔍 부록: 작품 그림 12~17 참조

《백설 공주와 일곱 난쟁이》 삽화

《빌헬름 텔》 삽화

폴 세잔, 〈사과와 배가 있는 정물〉

로버트 한나, 〈1665년 가을 울즈호프에 있는
자신의 정원에 있는 아이작 뉴턴〉

휴고 고스, 〈아담과 이브〉

피테르 파울 루벤스, 〈파리스의 심판〉

• 여러 작품들을 통해 다양한 관점에서 대상을 탐색해보며, 사과가 갖는
각각의 의미를 깨달을 수 있어요.

• 생각과 느낌은 보는 시각에 따라 달라진다는 사실을 배울 수 있어요.

1. 모형을 보며 연상하기

아이 나름의 관점에서 동그라미와 사과 모양을 인식해보는 단계입니다. 동그라미 모형과 사과 모형을 순차적으로 보여주세요. 모형을 출력해서 보여줘도 좋고, 스케치북에 편하게 그려서 보여줘도 좋습니다. 모형을 보고 머릿속에 떠오른 생각들을 모두 말해보게 합니다.

2. 처음으로 든 생각과 그 이유 말하기

생각의 동그라미 생각루틴이 본격적으로 펼쳐지는 단계입니다. 사과를 떠올렸을 때 처음으로 든 생각과 그렇게 생각한 이유를 말해보게 합니다. 직접적으로 질문해도 되고, 좀 더 구체적인 생각을 이끌어내기 위해 부모나 교사가 먼저 본인의 주관적인 생각을 밝힌 후 질문을 던져도 좋습니다.

- 무슨 생각이 제일 먼저 떠올랐니?

- 왜 그런 생각을 했니?

- 난 보라색 사과가 왜 없는지 항상 궁금했어. 넌 어떠니?

3. 그림 살펴보기

놀이에 사용되는 여섯 작품을 아이에게 보여주세요. 여섯 장의 그림을 서로 비교하면서 다른 점과 비슷한 점을 찾아보는 시간을 짧게 가져봅니다.

4. 다양한 관점에서 생각하기

그림에 등장하는 사과들을 다양한 관점에서 생각해보는 단계입니다. 같은 사과지만 모두 다른 의미를 가지고 있다는 점에 초점을 두고 놀이를 진행해주세요. 이 단계 놀이 활동을 시작하기에 앞서 작품 속 사과에 얽힌 이야기를 간단하게 들려주는 시간이 반드시 필요합니다.

여섯 작품 가운데 단 한 작품만을 선택해 놀이를 할 수도 있고, 여러 장의 그림을 동시에 비교하며 놀이를 진행할 수도 있습니다. 앞서 언급했듯이 작품의 개수와 순서는 아이 상황과 성향을 고려해 주절해주세요. 아이가 이미 알고 있거나 흥미를 느끼는 그림을 가지고 놀이를 시작하면 아이의 적극적인 참여를 이끌어내기가 쉬워집니다.

● 백설 공주의 사과

- 백설 공주와 왕비, 왕자에게 사과는 각각 어떤 의미일까?

- 사과를 먹고 쓰러지기 전과 후로 백설 공주에게 사과는 어떤 느낌일까?

- 빌헬름 텔의 사과

  - 명사수 빌헬름 텔의 눈에 비친 사과와 활을 쏠 줄 모르는 사람의 눈에 비친 사과는 어떻게 다를까?
  - 총독인 게슬러와 빌헬름 텔의 아들에게 사과는 각각 어떤 의미일까?

- 폴 세잔의 사과

  - 세잔의 사과는 다른 정물화 속 사과와 뭐가 다를까?
  - 단순한 사과 그림으로 미술사에 한 획을 그을 수 있었던 이유는 무엇일까?

- 아담과 이브의 사과

  - 내가 아담(이브)라면 사과를 보고 어떤 마음이 들었을까?
  - 절대 해서는 안 되는 일을 저질렀다면, 어떻게 해야 할까?

- 뉴턴의 사과

  - 나라면 떨어지는 사과를 보고 어떤 생각을 했을까?
  - 다른 과학자들도 떨어지는 사과를 보고 뉴턴과 같은 생각을 했을까?

- 파리스의 사과

  - 왜 여신들은 사과를 얻기 위해 노력했을까?
  - 파리스는 왜 아프로디테에게 사과를 주었을까?

5. 생각 정리하기

다양한 관점에서 사과를 탐색한 후 자신의 생각을 정리해보는 단계입니다. 사과로 인해 일어난 일, 사과와 관련된 사람(등장인물, 화가)의 생각, 사과에 대한 나의 생각이 포함되게 앞 단계에서 나누었던 많은 이야기들을 체계적으로 정리해보는 시간을 가져주세요.

6. 궁금한 점을 찾아 질문하기

놀이를 하면서 생긴 궁금한 점을 질문해보는 시간입니다. 그림을 그린 화가나 이야기 속 등장인물에게 질문을 던질 수도 있고, 놀이를 함께한 부모나 교사에게 궁금한 점을 물을 수도 있습니다. 만약 아이가 궁금한 점이 없다고 말하면서 질문을 만들어내지 못한다면, 부모나 교사가 먼저 주제와 관련된 질문이나 아이가 처음으로 떠올린 생각과 관련된 질문을 던져주세요.

- 이브는 그 사과가 정말 맛있게 보여서 먹은 걸까?
- 왜 사과를 맛없다고 생각했니?

7. 자유롭게 표현하기

놀이의 마지막 활동으로 나만의 사과를 표현해보는 시간입니다. 생각의 동그라미 생각루틴이 적용된 놀이는 전 단계까지의 활동만으로 충분합니다. 더 확장된 놀이를 원할 경우에 '자유롭게 표현하기' 활동을 진행해주세요.

8세 남아, 〈세잔처럼 사과의 색을 나도 변화시켜 주겠어〉

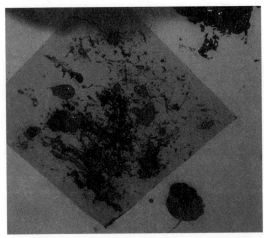

7세 남아, 〈튕겨져 나간 사과〉

여섯 가지 사과 이야기

백설 공주를 유혹한 사과

지금은 월트디즈니사의 애니메이션으로 더 널리 알려진 〈백설 공주와 일곱 난쟁이〉의 원작은 1812년 독일 그림형제(Brueder Grimm)의 동화집에 수록된 이야기입니다. 초판 동화책의 제목은 《백설공주》였으나 1857년에 《백설 공주와 일곱 난쟁이》로 바뀌었습니다. 이 삽화는 노파로 분장한 왕비가 백설 공주에게 독이 든 사과를 건네는 장면으로 영국의 유명 그림책 작가인 월터 크레인(Walter Crane, 1845~1915년)의 작품입니다.

이야기 속에서 백설 공주는 사과를 먹고 죽음과 같은 깊은 잠에 빠집니다. 낯선 이가 건넨 먹을거리를 의심 없이 덥석 베어 물 만큼 왕비가 건넨 사과는 탐스러운 사과였죠. 이 치명적 유혹의 사과는 백설 공주 이야기에서 매우 중요한 역할을 합니다. 백설 공주의 죽음이라는, 이야기 속 최대 위기를 불러오는 장치이자 왕자와의 만남을 성사시키는 매개체로 작용하기 때문입니다.

빌헬름 텔이 쏜 믿음과 자유의 사과

빌헬름 텔은 프리드리히 실러(Friedrich Schiller, 1759~1805년)의 희곡《빌헬름 텔》의 주인공의 이름입니다. 영어로는 윌리엄 텔이라고도 합니다. 스위스에서 구전되던 빌헬름 텔 전설을 각색한 것으로, 이 삽화는 세바스찬 뮌스터(Sebastian Münster, 1488~1552년)가 그린 그림입니다.

14세기 초 스위스 우리 주는 오스트리아의 총독 헤르만 게슬러의 폭정에 시달리고 있었습니다. 광장에 자신의 모자를 걸어놓고, 지나가는 모든 사람들에게 절을 하도록 강요할 정도였죠. 그러나 빌헬름 텔은 절하는 것을 거부하는 바람에 게슬러의 노여움을 사게 됩니다.

게슬러는 명사수로 이름 나 있는 빌헬름 텔에게 아들의 머리에 사과를 올려놓고, 그것을 활로 쏘아 맞힐 것을 명합니다. 아버지의 손으로 아들을 죽이게 하려는 잔인한 처사였죠. 빌헬름 텔은 게슬러의 명령에 절망하지만, 목숨이 위험한 아들은 아버지를 믿는다며 오히려 그를 안심시킵니다. 화살은 정확히 아들의 머리 위에 올려져 있던 사과를 꿰뚫었고, 텔은 게슬러를 쏴 복수합니다.

빌헬름 텔이 명중시킨 사과는 아버지에 대한 아들의 굳건한 믿음의 상징이자 스위스의 자유와 독립을 희망하는 상징물이기도 합니다.

미술사에 한 획은 그은 세잔의 사과

기존의 정물화는 대상을 눈에 보이는 대로 최대한 비슷하게 그리는 것을 중요하게 생각했습니다. 하지만 폴 세잔(Paul Cezanne, 1839~1906년)

은 사물을 그대로 모방하는 것에서 벗어나 자신만의 형태와 색채로 사물을 본질을 담아냈습니다.

세잔의 〈사과와 배가 있는 정물〉만 봐도 일반적인 정물화와는 확연히 다른 차별점이 있습니다. 배는 위에서 내려다 본 구도로 그려져 있고, 어떤 사과는 비스듬히 본 구도로 그려져 있습니다. 각기 다른 시점에서 본 정물들이 한 캔버스 안에 담겨져 있는 것이죠. 이러한 세잔의 획기적인 그림은 르네상스 이후 수백 년간 서양미술사의 기반이 된 원근법, 해부학, 명암법 같은 조형 원리의 뿌리를 뒤흔드는 일이었고, 외부 현실의 재현이 아닌 화면 내부의 구성에 무게를 둔 새로운 표현 방식이었습니다.

"사과 한 알로 파리를 정복할 것이다."라고 공언한 세잔. 당시에는 시골 촌뜨기의 말이라고 비웃음을 당했지만, 오늘날 세잔의 사과는 창조적인 창작 활동의 출발점이자 현대 미술을 상징하는 아이콘이 되었답니다.

아담과 이브가 먹은 금단의 사과

성경에 따르면 천지를 창조한 하나님이 흙으로 사람의 형상을 만든 후 코에 생명의 숨을 불어넣어 최초의 인간 아담을 만들었습니다. 그리고 아담의 갈빗대로 이브를 만들어 두 사람을 풍성한 먹을거리가 가득한 에덴동산에 살게 했습니다.

하나님은 이들에게 동산에서 나는 모든 것은 다 취해도 좋다고 허락하지만, 동산 한 가운데 심어진 선과 악을 알게 하는 나무의 열매는 먹어선 안 된다고 당부합니다. 에덴동산에서 행복한 시간을 보내던 두 사람에게 어느 날, 간교한 뱀에게서 다가와서 "이 열매를 먹으면 너희도 하나님처럼 될 것이다."라고 말하며 선악과를 먹으라고 부추깁니다. 뱀의 유혹에 넘어간 이브는 선악과를 따서 아담과 나누어 먹습니다. 결국 두 사람은 하나님의 명령을 어긴 죄로 에덴동산에서 쫓겨났고, 이로 인해 인류는 노동과 출산, 죽음 등의 고통을 겪게 되었다고 합니다.

사실 아담과 이브가 먹은 선과 악을 알게 하는 열매가 사과인지는 확실하지 않습니다. 그러나 16세기 유럽에서나 르네상스 시대 화가들은 선악과를 그릴 때, 대부분 사과로 표현했습니다. 휴고 고스(Hugo Goes, 1430~1482년)의 그림 〈아담과 이브〉에서도 선악과는 사과와 똑같은 모양새로 묘사되어 있습니다.

뉴턴에게 깨달음을 준 사과

1665년 흑사병이 런던으로 퍼지자 뉴턴은 병을 피해 고향으로 돌아갑니다. 정원에서 산책을 하던 중 사과나무에서 사과가 떨어지는 것을 본 뉴턴은 '왜 사과는 옆으로 떨어지지 않고, 아래로 떨어지는 걸까? 사과는 떨어지는데 하늘의 달은 왜 떨어지지 않지?' 하는 의문을 갖게 되고, 고민 끝에 모든 물체는 서로를 끌어당기는 힘이 있다는 사실을 발견하게 됩니다. 로버트 한나(Robert Hannah, 1812~1909년)가 그린

〈1665년 가을 울즈호프에 있는 자신의 정원에 있는 아이작 뉴턴〉을 보면 뉴턴이 만유인력을 정립하는 데 큰 영향을 준 초승달과 사과나무가 한 장면에 그려져 있습니다.

사과에 대한 뉴턴의 일화는 그 진위 여부를 놓고 오랫동안 논쟁이 있어 왔습니다. 우연히 떨어진 사과 한 알을 보고 만유인력과 역학의 법칙을 깨달은 것처럼 묘사되는 이야기는 사실 후대의 사람들이 뉴턴의 천재성을 강조하기 위해 부풀인 이야기에 가깝습니다. 근대과학의 기초를 다진 뉴턴의 위대한 업적은 사과 한 알에서 얻은 번뜩이는 영감에서 기인한 것이 아니라 오랜 기간 부단한 연구활동을 통해 얻어진 것이라는 게 더 이치에 맞는 이야기입니다.

뉴턴과 사과에 얽힌 이야기의 진위가 어떠하던 간에 과학사에 큰 의의를 가진 뉴턴의 사과나무는 전 세계에 분양되어 퍼져나갔습니다. 현재 우리나라 대덕연구단지 표준연구소 뜰에서도 뉴턴이 만유인력을 발견했던 사과나무의 후손이 심어져 있답니다.

트로이 전쟁을 일으킨 파리스의 황금사과

피테르 파울 루벤스(Peter Paul Rubens, 1577~1640년)의 〈파리스의 심판〉을 보면 황금사과를 손에 든 파리스 앞에 여신들이 저마다의 매력을 뽐내며 서 있습니다. 왜 세 여신들은 한낱 인간 앞에서 아름다움을 겨루고 있는 걸까요?

바다의 여신 테티스와 프리타의 왕 펠레우스의 결혼식에 초대받지 못한 불화의 여신 에리스는 "가장 아름다운 여신에게"라고 쓰인 황금 사과를 피로연장에 떨어뜨립니다. 그러자 아테나, 아프로디테, 헤라 는 서로 사과가 자신의 것이라고 다투며 제우스에게 황금사과의 주인 을 골라 달라고 청합니다. 이 난감한 결정을 피하고 싶었던 제우스는 트로이의 왕자 파리스에게 황금사과를 떠넘깁니다. 세 여신은 세상에 서 가장 아름다운 여신이라는 타이틀을 얻기 위해 파리스 앞에서 치 열한 매력 싸움에 들어갑니다. 헤라는 권력과 부유함을, 아테나는 전 쟁에서의 승리와 명예를, 아프로디테는 세상에서 가장 아름다운 여인 을 주겠다고 약속하죠.

혈기 넘쳤던 젊은 청년 파리스는 아프로디테를 선택하고, 약속대로 가장 아름다운 여인인 헬레나를 얻게 됩니다. 원래 헬레나는 스파르 타의 왕비였습니다. 졸지에 아내를 빼앗긴 메넬라오스 왕이 가만히 있을 리가 없었겠죠. 그는 그리스 연합군을 이끌고 쳐들어와 토르이 성을 함락시킵니다. 이렇듯 파리스의 황금사과는 한 나라의 멸망을 불러올 만큼 아름다움에 대한 인간의 강렬한 욕망을 잘 보여주고 있 습니다.

　한 미술교육 회사의 요청으로 미술 선생님들을 대상으로 창의융합 교수법에 대해 강연을 한 적이 있습니다. 많은 선생님들이 미술이라는 분야와 창의적 사고를 결합하는 것 자체를 낯설어 했고, 어떤 방법으로 교육해야 하는지 난감해하셨습니다.

　일례로 아이에게 그림을 보여준 후 "그림에서 뭐가 보여?"라는 기본적인 질문을 던진 다음에 어떤 방법으로 미술 생각놀이를 이끌어가야 하는지 감도 잡지 못한 선생님들이 대다수인 상황이었습니다.

　강의 중에 하버드 생각루틴에 대해 소개하면서 명화를 가지고 할 수 있는 미술 생각놀이를 설명 드렸습니다. 처음에는 생소한 교육 방법에 익숙하지 않아 헤매시던 분들도 강연이 진행될수록 이 새로운 교수법에 감탄하며 적극적으로 배우고자 하셨고, 경연이 끝난 후에는 새로운 영감과 자극을 받았다는 말씀을 해주셨습니다.

　사고력을 향상시키는 데는 수많은 방법들이 존재하지만, 한 가지 잊지 말아야 할 것은 생각하는 힘을 키우는 교육 방법은 절대적으로 재밌고 즐거워야 한다는 사실입니다. 아이가 생각하는 것을 즐거운 놀이로 받아들일 때, 비로소 창의적 발상의 문이 활짝 열리게 됩니다. 그리고 하버드 생각루틴은 그 문을 여는 확실한 열쇠가 되어 줄 것입니다.

생각놀이

명화
카드

12가지 생각놀이에 쓰이는
명화들을 실었습니다.
놀이별로 해당되는 그림을
잘라서 사용하세요.

태양

에드바르 뭉크

〈태양〉은 밝고 화려한 느낌을 주는 그림입니다. 하지만 〈태양〉을 그린 작가, 에드바르 뭉크는 19세기 말, 시대적 불안 속에서 어린 시절 행복하지 못했습니다.

뭉크는 어머니와 누나를 결핵으로 잃는 슬픔을 겪습니다. 심지어 그의 나이 25세 때는 세상을 떠나고, 몇 년 후에 남동 생마저 죽고 맙니다. 연이은 가족들의 죽음과 그로 인한 공포는 뭉크의 삶을 불행으로 이끕니다.

이러한 뭉크의 불안과 공포가 잘 반영된 작품이 바로 1893년에 그린 〈절규〉입니다. 비틀린 해골 같은 얼굴은 비명을 지르고 있는 그림 속 기괴한 존재는 뭉크 내면의 두려움과 고통을 상징 하고 있습니다. 강렬한 색채를 사용하고 사물의 형태를 왜곡시키 는 방법으로 절망에 빠진 인물의 심리 상태를 극적으로 표현하고 있죠.

〈절규〉를 비롯한 뭉크의 작품 대부분이 내면의 고통을 투영하고 있는 것과 달리, 〈태양〉은 밝은 에너지로 가득 차 있습니다. 태양광선의 역동과 강렬한 생명력이 느껴지는 이 그림에는

내면의 어둠으로부터 벗어나고자 한 뭉크의 의지가 담겨 있습니다.

원래 〈태양〉은 1911년 오슬로국립대학교 100주년을 기념하기 위한 벽화 공모전에 응모한 작품이었습니다. 총 3부작으로 구성되어 11면의 벽에 그려진 연작 벽화 중 하나죠. 그중에서도 태양빛이 무한한 생명력을 담아낸 〈태양〉은 뭉크의 후기작 가운데 가장 중요한 작품이자 노르웨이 회화의 기념비적인 작품으로 손꼽힙니다.

1963년 노르웨이 오슬로에는 뭉크 탄생 100주년을 기념하여 뭉크 미술관이 문을 열었습니다. 그곳에 가면 죽음, 공포와 슬픔을 주제로 한 전기 작품부터 삶의 기쁨과 자연의 풍요로움이 담겨 있는 후기 작품까지 1,100여 점에 달하는 뭉크의 작품들을 만나볼 수 있습니다.

라파엘로 산치오

아테네 학당

작품 그림 2
'한 장면, 천 가지 상상'
놀이 자료로 활용해주세요.

〈아테네 학당〉은 르네상스 미술을 대표하는 라파엘로 산치오 (Raffaello Sanzio, 1480~1520년)의 작품입니다. 라파엘로는 레오나르도 다 빈치와 함께 르네상스 미술의 3대 거장으로 불리고 있죠. 〈아테네 학당〉은 캔버스에 그린 그림처럼 보이지만 바티칸 미술관에 있는 벽화로, 가로 823.4cm 세로 579.5cm의 대작입니다.

라파엘로가 활동했던 르네상스 시대는 그리스・로마 문화의 부흥기였습니다. 그 시대 예술가들은 그리스 문화를 찬미했고, 당시 라파엘로도 그림 예술가 중 한 명이었죠. 당시 그리스의 아테네 학당을 엿보고 싶던 라파엘로는 그리스 사인을 불러 그림 속에서나마 그리스 시대에 잠시 시간을 가졌습니다. 그림 속에는 두 개의 큰 석상이 세워져 있는데, 오른쪽 석상이 태양의 신 아폴론이고, 왼쪽 석상이 지혜의 여신 아테나입니다. 아테나는 아테네를 상징하죠. 이는 그리스 철학의 주요 특징을 한눈에 보여주는 상징물이기도 합니다.

그림 한가운데를 빨간색 옷을 입은 사람과 파란색 옷을 입은 사람이 이야기를 나누고 있는 모습이 보입니다. 그리스를 대표하는 철학자인 플라톤과 아리스토텔레스입니다. 플라톤은 오른손으로 하늘을 가리키고 있고, 우주를 다루는 자신의 저서 《티마이오스》를 왼쪽 옆구리에 끼고 있습니다. '진리는 저 하늘 위에 있는 이데아(idea) 세계에 있다'는 의미이지요. 아리스토텔레스는 오른손을 바닥을 향해 들고 있으며, 왼손으로 삶의 문제와 행복을 다룬 저서 《니코마코스 윤리학》을 들고 있습니다. '행복이란 바로 이 땅 위에, 현실 세계에 진리가 있다'는 의미입니다. 플라톤의 스승이자 '너 자신을 알라'는 명언으로 유명한 소크라테스는 플라톤의 왼편에서 가까이 앉고 있네요.

〈아테네 학당〉에는 철학자뿐만 아니라 수학자, 천문학자도 등장합니다. 그림 왼쪽 아래 무언가를 열심히 쓰고 있는 사람이 보이시나요? 우리에게 '피타고라스의 정리'로 잘 알려진 수학자 피타고라스입니다. 피타고라스의 반대편에는 허리를 구부리고 아이들에게 둘러싸여 무엇인가를 그리고 있는 사람이 보입니다. 바로 수학자 유클리드입니다. 평행하지 않은 두 선은 언제가 만나다는 원리를 제시한 유클리드는 오늘날 기하학의 아버지로 불립니다.

그랑드 자트 섬의 일요일 오후

조르주 피에르 쇠라

프랑스 화가 조르주 피에르 쇠라(Georges Pierre Seurat, 1859~1891년)가 활동했던 시기는 인상주의 화풍이 유행하던 시기였습니다.

인상주의 화가들은 순간적이고 외화내비, 모네, 드누아르의 같은 인상과 화가가 느끼는 순간적이고 주관적인 느낌, 즉 인상을 화폭에 담는 데 관심을 가졌습니다. 하지만 쇠라는 인상주의 화풍이 빛을 표현하는 것에 치중하여 사물의 형태와 명암을 무시하는 것에 불만을 품고 있었죠.

과학성·항리성을 중시했던 쇠라는 빛에 가장 고유의 색을 표현하면서도 빛에 반응하는 가장 자연스러운 법칙을 찾고자 노력했습니다. 점묘법에서 그 해결책을 찾은 쇠라는 작은 색 점을 무수히 찍는 방식으로 문제를 해결했습니다.

그뿐만 아니라 쇠라는 순수하게 원색만으로 구성된 그림이 빛에 의해 인간의 눈에 들어올 때가 가장 실제 색에 가깝다고 생각했기 때문에, 색을 섞지 않고 가능한 한 원색을 사용하려 노력했습니다. 오늘날 컬러 모니터의 픽셀이 혼합체 우리 눈에 이미지로 구현되는 것과 같은 원리로 색을 인식한 것입니다. 모니터 픽

셀이 작을수록 해상도가 높아지는 것처럼, 쇠라 역시 작은 점을 촘촘히 찍을수록 더 사실적인 그림이 완성될 것이라 여겼습니다.

정교한 계산 아래 그림을 그렸던 쇠라는 한 작품을 완성하는 데 많은 시간이 쏟아부었습니다. 그의 대표작인 〈그랑드 자트 섬의 일요일 오후〉는 1884년부터 1886년까지 무려 3년이란 긴 시간에 걸쳐 완성한 작품이랍니다. 32세라는 젊은 나이에 생을 마감한 쇠라는 오랜 작업 시간 탓에 많은 작품을 남기지는 못했지만, 독창적이고 독보적인 화풍으로 신인상주의 시조를 대표하는 화가로 인정받고 있습니다.

파울 클레
지저귀는 기계

   파울 클레(Paul Klee, 1879~1940년)가 활동했던 시기는 2차 산업혁명 직후로 과학기술이 눈부시게 발전했던 때였습니다. 증기 대신 석유를 동력으로 사용하면서 자동차가 대중화되었고, 전기의 보급으로 공장이 자동화되면서 생산성이 폭발적으로 증가하게 되었죠. 영사기, 라디오, 축음기 등 오늘날 우리가 즐겨 쓰는 물품들이 발명된 것도 바로 이 시기랍니다.

   본격적인 기계 시대가 열린 것에 사람들은 열광했지만 클레는 이러한 변화를 탐탁지 않아 했습니다. 탱크, 전투기 같은 전쟁 무기가 대거 등장한 제1차 세계대전의 폐해를 직접 목격한 클레에게 기계는 편리함보다는 불편한 감정을 주는 대상이었기 때문이죠. 게다가 전쟁에 징병된 동료 화가 프란츠 마르크의 죽음으로 인해 기계에 대한 그의 반감은 극에 달하게 됩니다.

   기계에 대한 클레의 부정적 감정이 잘 드러나 있는 작품이 바로 1922년에 그려진 〈지저귀는 기계〉입니다. 이 그림은 삐걱대는 소리가 날 것 같은 새들과 녹슨 느낌의 배경이 어우러져 기괴한 분위기를 뿜어내고 있습니다. 왼쪽 아래 손잡이가 달린 줄에 앉아 있는 새들은 자유를 잃어버린 채 손잡이를 돌리면 돌리는 대로 '끼익' 하는 소리를 내면서 돌아갈 것만 같습니다.

   클레는 당시 유럽 사회에 만연한 기계 문명을 칭송하는 분위기를 걱정하며, 산업화로 인해 자연과 사회가 황폐해지고 인간성마저 상실될까 두려운 마음을 그림 〈지저귀는 기계〉에 담아냈습니다.

레오나르도 다 빈치
모나리자

레오나르도 다 빈치(Leonardo da Vinci, 1452~1519년)의 〈모나리자〉는 서양미술사에서 가장 유명한 작품으로 손꼽힙니다. 파리 루브르 박물관에서 소장 중인 〈모나리자〉를 1963년 뉴욕 메트로폴리탄 미술관에서 27일간 전시한 적이 있는데, 한 달도 안 되는 기간에 무려 백만 명이 넘는 관람객이 다녀갔을 정도입니다.

〈모나리자〉를 보면 그림 속 인물의 눈가와 입 주변이 마치 안개에 싸인 것처럼 흐릿합니다. 사람의 표정을 읽는 가장 중요한 부위인 눈과 입이 또렷하지 않으니, 그림을 보는 사람에 따라 미소를 짓는 것처럼 보이기도 하고 비웃음이나 슬픈 표정으로 보이기도 합니다. 그래서 모나리자의 신비로운 표정을 '모나리자의 수수께끼'로 부른답니다.

〈모나리자〉의 모델은 알쏭달쏭한 미소와 함께 눈썹이 없는 것으로도 유명합니다. 이로 인해 그림이 미완성이라는 설, 그 당시 넓은 이마가 미인의 조건이어서 여성들 사이에서 눈썹을 뽑거나 미는 것이 유행이었다는 설 등 다양한 이야기들이 그림이 얽혀 있습니다.

너무나 유명한 그림이었기 때문일까요? 〈모나리자〉가 유명세를 톡톡히 치른 사건이 하나 있습니다. 바로 루브르 박물관에 있던 〈모나리자〉가 1911년 8월 21일 마법처럼 사라져버린 사건입니다. 수사 과정에서 여러 사람이 용의자로 몰렸는데, 그중에는 시인 귀욤 아폴리네를 비롯하여, 20세기 최고의 화가라 칭송받는 파블로 피카소도 있었습니다. 그러나 경찰의 철저한 수사에도 범인의 흔적을 전혀 찾을 수 없었고, 사건은 점점 미궁 속으로 빠지게 됩니다.

그렇게 2년의 세월이 흘러 사람들의 기억에서 〈모나리자〉 도난 사건이 점점 잊힐 무렵, 이탈리아의 어느 한 갤러리 주인은 편지 한 통을 빋게 됩니다. 〈모나리자〉를 팔고 싶다는 범인의 편지였죠. 갤러리 주인의 신고로 범인이 검거되었는데, 범인의 정체는 이탈리아 출신의 유리공 빈센트 페루지아였습니다. 그는 루브르 박물관 전시품의 보호 액자를 만들었던 전력이 있는데, 이때 박물관에 드나들면서 〈모나리자〉를 훔치는 데 성공한 것이죠.

우여곡절 끝에 다시 루브르 박물관으로 돌아온 〈모나리자는〉는 현재 폭탄에도 견딜수 있는 4cm의 방탄유리에 의해 안전하게 보호받고 있습니다.

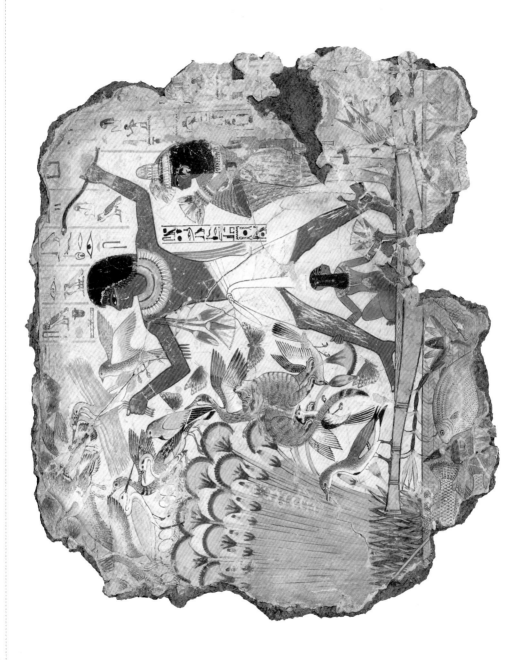

작가 미상, 네바문 무덤 벽화

늪지의 새 사냥

작품 그림 6
'도대체 왜'
놀이 자료로 활용해주세요.

엽총불붙을 믿었던 고대 이집트인들은 육신을 신성한 혼이 깃드는 그릇으로 여겨 이를 온전하게 보관하기 위해 미라로 만들었습니다. 시체가 부패하는 것을 막는 최적의 무덤인 피라미드도 건설했죠.

이집트 테베에서 발견된 네바문의 무덤에서는 기원전 1350년경에 제작된 것으로 보이는 11가지의 벽화가 출토되었습니다. 무덤의 주인공인 네바문은 밀밭과 곡식창고를 관리하던 이집트 고위 관료였다고 해요. 무덤의 벽면에는 농경, 사냥, 봉헌 등 그의 삶을 엿볼 수 있는 일상 속 장면들이 그려져 있습니다. 그중에서도 아내와 딸을 배에 싣고 사냥을 즐기는 네바문의 모습이 그려져 있는 〈늪지의 새 사냥〉은 뛰어난 예술성을 인정받은 벽화 중 하나입니다.

그림을 보면 사냥에 한창인 네바문의 오른쪽 뒤로 연꽃은 든 아내가 서 있고, 어린 딸은 네바문의 다리를 붙잡고 배 위에 앉아 있습니다. 그런데 그림 속 세 사람의 구도가 어째 기묘해 보입니다. 세 사람 모두 한배에 타고 있는 게 분명한데, 크기가 이상힌 정도로 차이가 납니다. 무슨 이유에서 일까요?

고대 이집트 시대에는 멀고 가까움을 표현하는 원근법이 존재하지 않았기 때문에 그림 속 인물의 크기는 실제 위치와는 무관했습니다. 중요한 인물을 크게 그리는 당시 이집트 미술의 관습에 따라 주인공인 네바문은 크게, 주변 인물인 아내와 딸은 작게 그려져 있는 것이죠.

또한 고대 이집트인들은 주로 평화로운 일상의 모습이나 쾌락을 즐기는 모습을 벽화로 남겼습니다. 현실에서 누렸던 행복이 사후세계에서도 계속 이어지길 바라는 마음을 벽에 새긴 것이죠. 〈늪지의 새 사냥〉만 봐도 온갖 종류의 새와 물고기들이 지천으로 깔린 가운데 사냥을 즐기는 단란한 가족의 모습에서 내바문의 꾸민 행복한 삶의 모습이 손에 잡힐 듯합니다.

바실리 칸딘스키

흰색 위에 II

바실리 칸딘스키(Wassily Kandinsky, 1886~1944년)는 러시아 태생으로 현대 추상미술의 아버지로 불립니다. 사물의 일반적인 형태에 얽매이지 않고 내면의 감정을 선명한 색채와 기하학적 형태로 표현해 미술계에 순수 추상미술이라는 혁명을 일으켰죠.

러시아의 부유한 집안에서 자란 칸딘스키는 모스크바 대학교에서 법학과 경제학을 공부하던 중에 모네의 그림을 보고 감명을 받아 화가가 되기로 마음먹습니다. 늦은 나이에 독일로 건너가 본격적인 그림 공부를 시작한 그는 초창기에는 강렬한 색채의 풍경화나 러시아 민속화에서 영향을 받은 그림을 주로 그렸습니다.

그러던 어느 날, 칸딘스키는 화실에 놓인 한 장의 그림을 보고 경이로운 아름다움을 느낍니다. 사실 그 그림은 조수가 거꾸로 세워놓은 칸딘스키의 그림이었죠. 그림이 주는 기하학적 아름다움에 도취된 칸딘스키는 이를 계기로 점차 사실적인 사물의 형태를 버리고 점과 선, 면의 순수 조형요소와 색채를 강조한 추상미술의 세계에 빠져듭니다.

회화, 판화, 글쓰기 등 여러 분야에서 활발히 활동했던 칸딘스키는 1922년부터 1933년까지 12년 동안 베를린 바우하우스에서 학생들에게 회화와 예술이론을 가르쳤습니다. 1926년에는 자신의 조형이론을 정리한 책인 《점·선·면》을 출간하기도 하죠. 〈흰색 위에 II〉는 칸딘스키가 바우하우스에서 교수로 재직하던 시절에 그린 그림으로 그의 예술론이 반영된 기하학적 추상화입니다.

눈에 보이지 않은 소리를 재료로 쓰는 음악이야말로 가장 순수한 추상이라 생각한 칸딘스키는 그림을 그릴 때 자주 소리를 주제로 삼았습니다. 다양한 악기들이 모여 하나의 음악 작품을 만들어내는 오케스트라처럼 내면의 감정에 어울리는 조형과 색채를 선택해 하얀 캔버스 위에 배치한 것이죠.

"색채는 건반이고, 눈은 망치이며, 영혼은 현을 가진 피아노다. 예술가란 영혼의 울림을 만들어내기 위해 건반을 두들기는 손이다."라고 말한 칸딘스키. 〈흰색 위에 II〉에는 음악이 현실 속 소리를 재현하지 않더라도 듣는 사람들에게 감동을 주듯이 그림 역시 색채와 구도만으로도 보는 이에게 감동을 줄 수 있다고 여긴 칸딘스키의 생각이 담겨 있습니다.

별이 빛나는 밤

빈센트 반 고흐

세계에서 가장 유명한 미술가 중 하나이자 우리나라 사람이 가장 사랑하는 화가인 빈센트 반 고흐(Vincent van Gogh, 1853~1890년)는 사람, 평생 단 한 점의 그림밖에 팔지 못했던 비운의 화가였습니다. 사실적인 묘사가 돋보이는 그림을 선호했던 그 당시 세중들에게 고흐의 그림은 구불거리고 정신없는 이상한 그림에 불과했던 탓이죠.

대중들이 외면한 그림을 인정해주고 평생 고흐를 지지한 후원자가 한 명 있었는데, 그가 바로 고흐의 동생인 테오 반 고흐입니다. 고흐는 살아생전 테오에게 900통이 넘는 편지를 주고받으며 일상의 이야기를 비롯해 예술에 대한 고민과 괴로움 등을 솔직히 털어놓았습니다.

예술에 대한 강한 열정을 품고 있었던 고흐는 자신의 그림이 사람들에게 인정받지 못하는 것을 괴로워하며 정신병을 앓았습니다. 병이 깊어진 고흐는 고갱과 다툰 뒤 발작을 일으켜 자신의 귀를 자르기까지 하죠. 이 사건으로 자신의 병을 인정하게 되고 흐는 생레미 정신병원에 입원을 하게 됩니다. 고흐는 병원에 머

'진짜로 움직이나'
별이 자료로 활용해주세요.

물면서도 작품 활동을 계속 이어나가는데, 그의 대표작 중 하나인 〈별이 빛나는 밤〉도 이 시기에 그려진 작품입니다.

반 고흐를 좋아했던 고흐는 〈아를의 별이 빛나는 밤〉, 〈밤의 카페 테라스〉 등 밤하늘을 소재로 한 그림을 많이 그렸습니다. 그중에서도 〈별이 빛나는 밤〉은 짙은 푸른색과 노란색이 강렬한 색채 대비와 함께 강렬한 붓 터치를 이용해 소용돌이치는 듯한 밤하늘의 움직임을 극사실으로 표현하고 있죠.

고흐가 테오에게 보낸 편지에 한 구절을 보면 밤하늘에 대한 고흐의 사랑과 감탄을 엿볼 수 있습니다. "별을 그려서 희망을 표현하는 일, 석양을 통해 누군가의 열정을 표현하는 일, 이런 것은 결코 눈속임이라고 할 수 없어, 실제로 존재하는 것을 표현하는 것이니까, 그런데 언제쯤 그림 그릴 수 있을까? 늘 마음속으로 생각하는 별이 빛나는 하늘을."

장 프랑수아 밀레
씨 뿌리는 사람

　프랑스의 사실주의 화가 장 프랑수아 밀레(Jean Francois Millet, 1814~1875년)가 그린 〈씨 뿌리는 사람〉을 보면 농사일을 하는 거친 농부의 모습이 잘 표현되어 있습니다. 한 사람이 화면을 가득 채우고 있는 터라 그림 속 모델이 굉장히 유명한 사람일 것 같은 착각이 들지만, 사실 이 농부가 누구인지는 아무도 모릅니다. 왜냐하면 그림 속 인물은 위인도, 유명인도 아닌 바르비종 지방에 살았던 평범한 농부이기 때문이죠.

　사실주의 미술이 등장하기 이전, 그림 속 주인공은 대개 신화 속 인물이나 역사적 영웅, 혹은 상류층 사람들이었습니다. 간혹 농부나 하층민 사람들이 그림에 등장할 때도 있지만, 배경으로 작게 그려지거나 어리석은 사람으로 묘사되는 게 대부분이었습니다. 그러나 밀레는 주변에서 흔히 볼 수 있는 인물들을 주인공으로 삼아 그네들의 고단한 삶을 사실적으로 그려냈습니다.

　밀레의 또 다른 대표작 〈이삭 줍는 여인들〉 역시 가난하고 소외된 사람들을 주인공으로 합니다. 보리 추수에서 일거리를 구하지 못하고, 하나의 이삭이라도 더 줍기 위해 허리를 펴지 못하는 여인들의 고된 삶이 황금빛으로 물든 드넓은 밭과 대조되어 더 극명하게 드러나 있습니다.

　〈씨 뿌리는 사람〉은 당시 미술계에서 상반된 평가를 받았습니다. 진보적 비평가들은 노동을 사실적으로 표현한 수작으로 평가한 것에 반해, 보수적 비평가들은 거친 농부의 모습에 불편함을 느끼며 밀레를 혁명을 선동하는 사회주의자라고 비난했죠.

　그러나 밀레는 정치적인 문제에는 관심이 없었습니다. "내가 그리려고 한 것은 노동이다. 모든 인간은 몸을 움직여 수고하도록 태어났고, 사람들은 자신의 이마에 흐르는 땀의 대가로 살아가야 한다. 이것이 인간의 운명이고 삶이다."라고 말한 밀레의 발언에서도 알 수 있듯이 그는 노동의 숭고한 가치를 화폭에 담아내려 애쓴 화가였습니다.

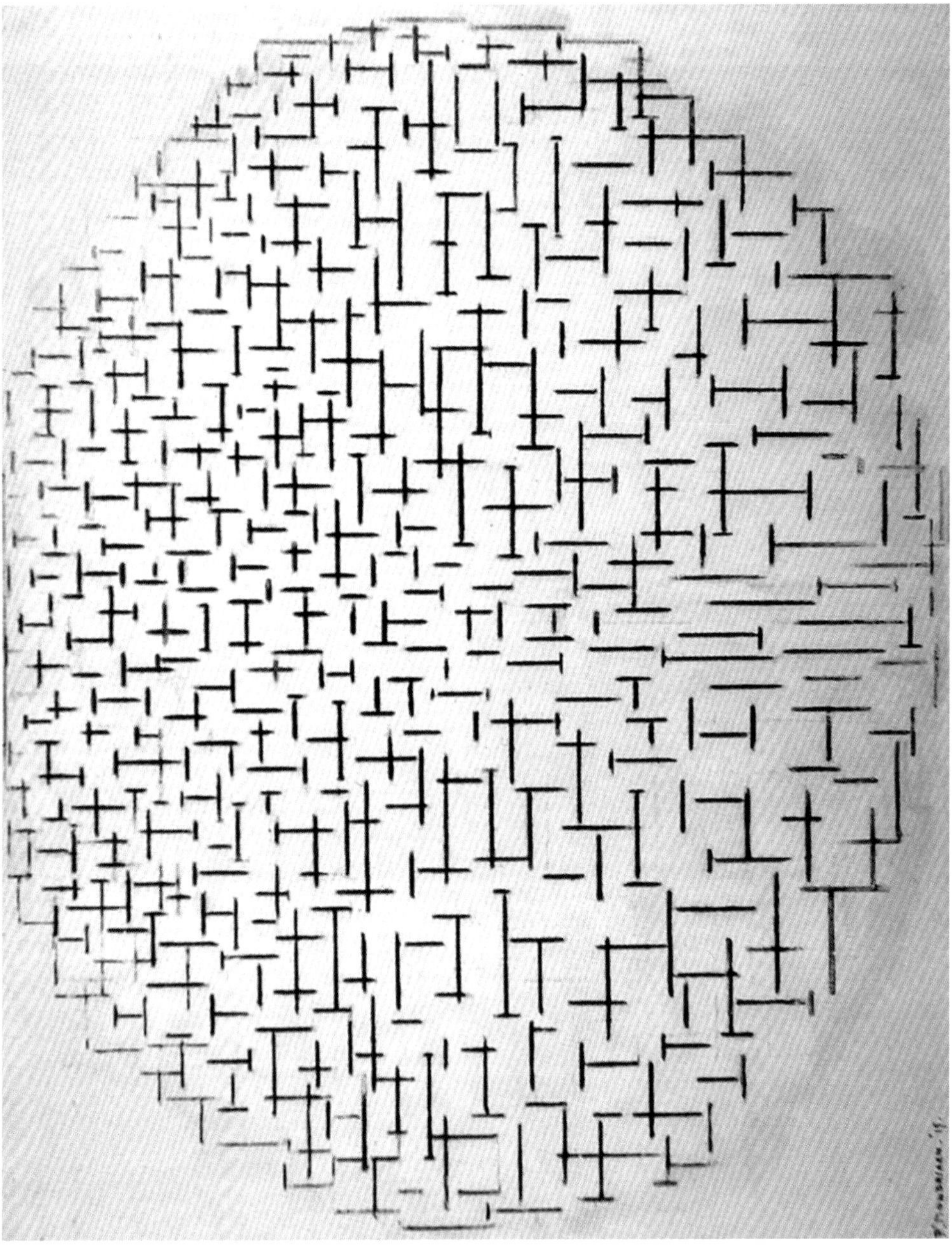

자르는 선

방파제와 바다

피트 몬드리안

내덜란드 출신의 화가 피트 몬드리안(Pier Mondrian, 1872~1944년)은 칸딘스키와 함께 추상미술의 선구자로 불립니다. 신명한 색채와 자유로운 형태로 내면의 감정을 표현한 칸딘스키의 작품을 '뜨거운 추상'이라고 하는 반면, 절제된 색채와 선을 이용해 기하학적 질서를 강조한 몬드리안의 작품을 '차가운 추상'이라고 한답니다.

원래 몬드리안은 자연주의 화풍의 풍경화와 정물화를 주로 그렸습니다. 그러던 어느 날 입체파 그림을 접하면서 큰 충격을 받고 작품 세계가 크게 변하게 됩니다. 이때부터 몬드리안은 구체적인 형태를 버리고, 점차 단순한 형태의 그림을 그리게 되죠.

특히 몬드리안의 나무 연작(〈붉은 나무〉 1908, 〈회색 나무〉 1911, 〈꽃이 핀 사과나무〉 1912)을 보면 그의 작품이 구상에서 남어가는 과정이 확연히 드러납니다. 구체적인 나무의 형태가 점점 단순화되어 가더니 마지막 그림에서는 무채색과 수직·수평을 이루는 선만 남아 있습니다.

〈방파제와 바다〉는 몬드리안의 그림이 구상에서 추상으로 변화하는 과도기적 작품입니다. 그는 이 작품에서 어둠적으로 바다와 방파제라는 구체적인 대상을 절제된 선으로만 표현하고 있죠. 그림 〈방파제와 바다〉에는 대상을 환상에 불과하면, 본질은 대상 뒤에 숨어 있어 눈에 보이지 않지만 변하지 않는 실체에 있다고 여긴 몬드리안의 생각이 담겨 있습니다.

바실리 칸딘스키

푸른 하늘

바실리 칸딘스키(Wassily Kandinsky, 1866~1944년)는 1933년 나치의 탄압으로 교수로 몸 담고 있던 바우하우스가 폐쇄되자 프랑스 파리로 건너갑니다. 당시 파리는 전자현미 경을 비롯한 광학기기의 발명으로 자연을 바라보는 시선에 일대 변화가 일어나고 있 었던 때였습니다. 이전까지는 눈으로 보는 세계가 전부였다면 현미경을 통해서 사물 의 근원적인 형태까지도 관찰할 수 있게 된 것이죠.

현미경 렌즈 너머로 생물의 세포를 관찰하면서 미시세계와 만나게 된 칸딘스키는 미생물이 가진 추상적 형태에 주목합니다. 우리 눈에 보이는 자연은 다양한 모양과 색채를 갖고 있지만, 그 근원을 파헤쳐보면 점과 선, 면 같은 기본 조형요소들로 구성 되어 있다는 사실을 눈으로 확인한 것입니다.

이때부터 칸딘스키의 그림은 추상성이 한층 심화되고 형태도 더 단순해집니다. 1940년에 완성한 〈푸른 하늘〉은 칸딘스키의 이러한 변화가 잘 드러나는 작품으로, 특유의 색채와 표현기법을 사용해 미생물의 모습을 표현하고 있습니다. 거북이나 새, 해파리, 해마, 지렁이처럼 보이는 형상들이 중력의 영향을 받지 않고 푸른 하늘 을 자유롭게 떠다니는 모습에서 왠지 모를 평화로움과 순수함이 동시에 느껴집니다.

백설공주를 **유혹한 사과**

지금은 월트디즈니사의 애니메이션으로 더 널리 알려진 〈백설 공주와 일곱 난쟁이〉의 원작은 1812년 독일 그림형제(Brueder Grimm)의 동화집에 수록된 이야기입니다. 초판 동화책의 제목은 《백설공주》였으나 1857년에 《백설 공주와 일곱 난쟁이》로 바뀌었습니다. 이 삽화는 노파로 분장한 왕비가 백설 공주에게 독이 든 사과를 건네는 장면으로 영국의 유명 그림책 작가인 월터 크레인(Walter Crane, 1845~1915년)의 작품입니다.

이야기 속에서 백설 공주는 사과를 먹고 죽음과 같은 깊은 잠에 빠집니다. 낯선 이가 건넨 먹을거리를 의심 없이 덥석 베어 물 만큼 왕비가 건넨 사과는 탐스러운 사과였죠. 이 치명적 유혹의 사과는 백설 공주 이야기에서 매우 중요한 역할을 합니다. 백설 공주의 죽음이라는, 이야기 속 최대 위기를 불러오는 장치이자 왕자와의 만남을 성사시키는 매개체로 작용하기 때문입니다.

빌헬름 텔이 쏜 **믿음과 자유의 사과**

빌헬름 텔은 프리드리히 실러(Friedrich Schiller, 1759~1805년)의 희곡 《빌헬름 텔》의 주인공의 이름입니다. 영어로는 윌리엄 텔이라고도 합니다. 스위스에서 구전되던 빌헬름 텔 전설을 각색한 것으로, 이 삽화는 세바스찬 뮌스터(Sebastian Münster, 1488~1552년)가 그린 그림입니다.

14세기 초 스위스 우리 주는 오스트리아의 총독 헤르만 게슬러의 폭정에 시달리고 있었습니다. 광장에 자신의 모자를 걸어놓고, 지나가는 모든 사람들에게 절을 하도록 강요할 정도였죠. 그러나 빌헬름 텔은 절하는 것을 거부하는 바람에 게슬러의 노여움을 사게 됩니다.

게슬러는 명사수로 이름 나 있는 빌헬름 텔에게 아들의 머리에 사과를 올려놓고, 그것을 활로 쏘아 맞힐 것을 명합니다. 아버지의 손으로 아들을 죽이게 하려는 잔인한 처사였죠. 빌헬름 텔은 게슬러의 명령에 절망하지만, 목숨이 위험한 아들은 아버지를 믿는다며 오히려 그를 안심시킵니다. 화살은 정확히 아들의 머리 위에 올려져 있던 사과를 꿰뚫었고, 텔은 게슬러를 쏴 복수합니다.

빌헬름 텔이 명중시킨 사과는 아버지에 대한 아들의 굳건한 믿음의 상징이자 스위스의 자유와 독립을 희망하는 상징물이기도 합니다.

미술사에 한 획을 그은

세잔의 사과

기존의 정물화는 대상을 눈에 보이는 대로 최대한 비슷하게 그리는 것을 중요하게 생각했습니다. 하지만 폴 세잔(Paul Cezanne, 1839~1906년)은 사물을 그대로 모방하는 것에서 벗어나 자신만의 형태와 색채로 사물을 분절을 담아냈습니다.

세잔의 〈사과와 배가 있는 정물〉만 봐도 일반적인 정물화와는 확연히 다른 차별점이 있습니다. 배는 위에서 내려다 본 구도로 그려져 있고, 어떤 사과는 비스듬히 본 구도로 그려져 있습니다. 각기 다른 시점에서 본 정물들이 한 캔버스 안에 담겨져 있는 것이죠. 이러한 세잔의 화기법의 그림을 드네상스 이후 수백 년간 서양미술사의 기반이 된 원근법, 해부학, 명암법 같은 조형 원리의 뿌리를 뒤흔드는 일이었고, 외부 현실의 재현이 아닌 화면 내부의 구성에 무게를 둔 새로운 표현 방식이이었습니다.

"사과 한 알로 파리를 정복할 것이다."라고 공언한 세잔. 당시에는 사물 줄곧기의 많이라고 비웃음을 당했지만, 오늘날 세잔의 사과는 창조적인 장작 활동의 출발점이자 현대 미술을 상징하는 아이콘이 되었답니다.

아담과 이브가 먹은
금단의 사과

성경에 따르면 천지를 창조한 하나님이 흙으로 사람의 형상을 만든 후 코에 생명의 숨을 불어넣어 최초의 인간 아담을 만들었습니다. 그리고 아담의 갈빗대로 이브를 만들어 두 사람을 풍성한 먹을거리가 가득한 에덴동산에 살게 했습니다.

하나님은 이들에게 동산에서 나는 모든 것은 다 취해도 좋다고 허락하지만, 동산 한 가운데 심어진 선과 악을 알게 하는 나무의 열매는 먹어선 안 된다고 당부합니다. 에덴동산에서 행복한 시간을 보내던 두 사람에게 어느 날, 간교한 뱀에게서 다가와서 "이 열매를 먹으면 너희도 하나님처럼 될 것이다."라고 말하며 선악과를 먹으라고 부추깁니다. 뱀의 유혹에 넘어간 이브는 선악과를 따서 아담과 나누어 먹습니다. 결국 두 사람은 하나님의 명령을 어긴 죄로 에덴동산에서 쫓겨났고, 이로 인해 인류는 노동과 출산, 죽음 등의 고통을 겪게 되었다고 합니다.

사실 아담과 이브가 먹은 선과 악을 알게 하는 열매가 사과인지는 확실하지 않습니다. 그러나 16세기 유럽에서나 르네상스 시대 화가들은 선악과를 그릴 때, 대부분 사과로 표현했습니다. 휴고 고스(Hugo Goes, 1430~1482년)의 그림 〈아담과 이브〉에서도 선악과는 사과와 똑같은 모양새로 묘사되어 있습니다.

뉴턴에게
깨달음을 준 사과

작품 그림 16
'오두가 알리'
놀이 자료로 활용해주세요.

1665년 흑사병이 런던으로 퍼지자 뉴턴은 배를 피해 고향으로 돌아갑니다. 정원에서 산책을 하던 중 사과나무에서 사과가 떨어지는 것을 본 뉴턴은 '왜 사과는 옆으로 떨어지지 않고, 아래로 떨어지는 걸까? 사과는 떨어지는데 하늘의 달은 왜 떨어지지 않지?' 하는 의문을 갖게 되고, 고민 끝에 모든 물체는 서로를 끌어 당기는 힘이 있다는 사실을 발견하게 됩니다. 로버트 한나(Robert Hannah, 1812~1909년)가 그린 〈1665년 가을 울즈소프에 있는 자신의 정원에 있는 아이작 뉴턴〉을 보면 뉴턴이 만유인력을 정립한 데 큰 영향을 준 조숙말과 사과나무가 한 장면에 그려져 있습니다.

사과에 대한 뉴턴의 일화는 그 진위 여부를 놓고 오랫동안 논쟁이 있어 왔습니다. 우연히 떨어진 사과 한 알을 보고 만유인력과 역학의 법칙을 깨달은 것처럼 묘사되는 이야기는 사실 후대의 사람들이 뉴턴의 천재성을 강조하기 위해 부풀이 이야기가 가깝습니다. 근대과학의 기초를 다진 뉴턴의 위대한 업적은 사과 한 알에서 얻은 번뜩이는 영감에서 기인한 것이 아니라 오랜 기간 부단한 연구활동을 통해 얻어진 것이라는 게 더 이치에 맞는 이야기입니다.

뉴턴과 사과에 얽힌 이야기의 진위가 어떠하던 간에 과학사에 큰 의미를 가진 뉴턴의 사과나무는 전 세계에 분양되어 과거지고 있습니다. 현재 우리나라 대덕연구단지 표준연구소 뜰에서도 뉴턴의 만유인력을 발견했던 사과나무의 후손이 심어져 있답니다.

트로이 전쟁을 일으킨
파리스의 황금사과

피테르 파울 루벤스(Peter Paul Rubens, 1577~1640년)의 〈파리스의 심판〉을 보면 황금사과를 손에 든 파리스 앞에 여신들이 저마다 의 매력을 뽐내며 서 있습니다. 왜 세 여신들은 한낱 인간 앞에 서 아름다움을 겨루고 있는 걸까요?

바다의 여신 테티스와 프로타우스의 결혼식에 초대 받지 못한 불화의 여신 에리스는 "가장 아름다운 여신에게"라고 쓰인 황금사과를 피로연장에 떨어뜨립니다. 그러자 아테나, 아프 로디테, 헤라는 서로 사과가 자신의 것이라고 다투며 제우스에게 황금사과를 줄 권한 달라고 청합니다. 이 난감한 결정을 피 하고 싶었던 제우스는 트로이의 왕자 파리스에게 황금사과를 넘깁니다. 세 여신은 세상에서 가장 아름다운 여신이라는 타이틀 을 얻기 위해 파리스 앞에서 치열한 매력 싸움에 들어갑니다. 헤 라는 권력과 부유함을, 아테나는 전쟁에서의 승리와 명예를, 아 프로디테는 세상에서 가장 아름다운 여인을 주겠다고 약속하죠.

헬기 남겼던 젊은 청년 파리스는 아프로디테일 신택하고, 아슬 대로 가장 아름다운 아인이 헬레네를 얻게 됩니다. 현데 헬레네 는 스파르타의 왕 메빌라오스의 아내옜 있었습니다. 줄지에 아내를 빼앗긴 메빌라오스 앙이 가만히 있을 리가 없어졌죠. 그는 그리스 연합군을 이끌고 첩름어와 토르이 성을 함란시킵니다. 이렇듯 파리스의 황금사과 는 한 나라의 명마을 불러올 만큼 아름다움에 대한 인간의 강렬 한 욕마을 잘 보여주고 있습니다.